성탄절 이야기

당신이 하나님을 더 깊이 알아가고 더 널리 알리는 사람이 되는 것, 이 책에 담긴 도서출판 예수전도단의 마음입니다. 말씀을 통해 저자가 깨닫고, 원고를 통해 저희가 누릴 수 있었던 그 감동이 책을 통해 당신에게도 전해지기 원합니다. 그리고 당신을 통해 그 기쁨과 은혜가 더 많은 이에게 계속해서 흘러가기를 기도하겠습니다. 이 책을 통해 당신이 받은 은혜를 다른 분들에게도 나눠주십시오. 사랑하고 축복합니다.

ⓒ 스티브 강 2023

본 저작물의 저작권은 도서출판 예수전도단에 있습니다.
저작권법에 의해 보호받는 저작물이므로 무단 전재와 복제를 금합니다.

성탄절 이야기가 현대인들에게 주는 메시지

성탄절
이야기

Christmas

Story

스티브 강

예수전도단

추천사

해마다 성탄절은 돌아온다. 하지만 이미 예수님의 탄생이라는 주제는 정해져 있고, 또 계속해서 반복되기에 같은 주제로 신선하게 설교하기란 쉽지 않다. 예수님의 탄생이라는 사건으로 청중에게 너무나 익숙한 이야기를 하다 보면 쉽게 진부한 설교가 돼버릴 수 있기 때문이다.

그런데 이 「성탄절의 이야기」는 그렇지 않다. 같은 한 사건임에도 불구하고 여러 사람의 관점에서 자신의 이야기들을 풀어간다. 마태의 처지에서 본 예수님의 탄생 이야기, 예수님의 어머니 마리아의 이야기, 새로운 왕의 탄생을 두려워하는 헤롯의 이야기, 그 누구보다 예수님의 탄생을 기대했던 동방박사들의 이야기, 그리고 우리들의 이야기들로 이어지면서 성탄절 이야기는 절정으로 달려간다. 이렇게 예수님이 이 땅에 오신 사건이라는 하나의 주제가 처음부터 마지막까지 흥미롭게 이끌려 가면서 성탄절이 가진 메시지의 핵심을 향하고 있기에 독자들은 이 설교들을 연속성을 가지고 역동적으로 읽게 되는 것이다.

스티브 강 목사의 설교는 명확한 주제를 단순하고 간결한 말로 쉽게 풀어가는 특징이 있다. 또한 언제나 성경적이고 복음적이다. 다시 말하면 그의 설교는 그 내용에 담긴 복음의 진리는 깊고 넓지만, 그 복음을 설명하는 데 사용하는 용어나 해석은 모든 이가 이해할 수 있을 정도로 친절하다. 무엇보다 그는 자신의 주장이나 의견이 아닌 복음을 선포한다. 그리고 그는 설교를 통해 성경 본문에 대한 분명한 해석과 이 시대에 맞는 적절한 적용을 전달해 준다. 설교를 듣고 그 순간으로 그치는 것이 아니라 그리스도인의 삶이 변화되는 영적 성장과 성숙을 추구할 수 있도록 만들어 주는 것이다.

이 책은 우리 그리스도인에게 성탄절의 의미가 무엇인지를 다시 한번 생각할 수 있도록 거룩한 화두를 던진다. 이 책에 실린 귀한 메시지를 통해 예수님의 탄생이 왜 중요하고, 그 의미가 무엇인지, 왜 계속해서 지켜야 하는지를 분명히 알도록 해준다. 성탄절을 준비하는 모든 목회자와 성도들에게 이 책을 강력히 추천한다.

박현수 박사
미국 센트럴 신학대학원 교수

목차

추천사　　　　　　　　　　4 p
머리말　　　　　　　　　　8 p
감사의 말　　　　　　　　10 p

| 1장 | 마태의 이야기 | 12 p |

| 2장 | 요셉의 이야기 | 26 p |

| 3장 | 동방박사들의 이야기 | 36 p |

| 4장 | 헤롯 왕의 이야기 | 48 p |

| 5장 | 누가의 이야기 | 60 p |

| 6장 | 사가랴의 이야기 | 70 p |

| 7장 | 마리아의 이야기 | 80 p |

8장	성탄절 성화의 이야기	92 p

9장	목자들의 이야기	104 p

10장	안나와 시므온의 이야기	114 p

11장	요한의 이야기 1	124 p

12장	요한의 이야기 2	134 p

13장	요한의 이야기 3	146 p

14장	바울의 이야기	156 p

15장	우리들의 이야기	166 p

끝맺는 말   176 p
부록: 소그룹 교재   178 p

머리말

전 세계 거의 모든 사람이 성탄절 이야기를 안다. 예수님을 구세주라고 믿지 않는 사람들도 성탄절 이야기에 대해 알고 있다. 예수라는 사람이 2천 년 전 베들레헴이라는 작은 마을 마구간에 태어난 것에 대해 들어서 알고 있지만 그들은 예수님의 탄생은 2천 년 전에 일어난 사건에 불과하고 자신들과는 전혀 상관이 없는 사건이라고 생각한다. 그들은 성탄절 이야기가 자신들에게 어떤 의미를 주는지는 모른다. 예수님을 구세주로 믿는 사람들조차 성탄절 이야기는 2천 년 전에 일어난 사건이고 오늘날 현대인들에게 어떤 의미를 주는지 모른다.

성경을 기록한 사람들은 성탄의 이야기를 오로지 역사적 사건만으로 기록한 것만이 아니다. 그들은 성탄절 이야기 속에 담긴 의미를 전해 주었다. 그러므로 성탄절 이야기 속에 담긴 의미를 깨달아 삶 가운데 적용해야 한다. 그래야 2천 년 전 탄생하신 예수님의 이야기는 현대인의 삶 속에 변화를 일으키게 된다.

이 책이 성탄절의 의미를 이해하는 데 도움이 되길 바란다. 2천 년 전 이 세상에 오신 예수님을 통해 새로운 삶을 사는 모두가 되길 소망한다.

2023년 12월 스티브 강

감사의 말

돌아보니 삶의 모든 순간이 하나님의 은혜임을 고백할 수밖에 없다. 나는 서울에서 태어나 예수님을 믿지 않는 가정에서 자랐다. 중학생이 되어 친구의 전도로 처음 교회에 나가게 됐고, 1976년 가족과 함께 미국으로 이민을 왔다. 미국에서도 교회에 계속 출석은 했지만, 예수님을 영접하지는 않았다. 그러던 1980년 비로소 예수님을 구세주로 영접하게 됐고, 내 삶을 주님께 헌신함으로 주님의 제자가 되었다. 그리고 하나님은 나를 당신의 종으로 불러 주셨다. 이 어찌 은혜가 아닐 수 있겠는가!

다시 한번 이 자리를 빌려 한없이 부족한 나를 목사로 불러 주시고 지금까지 인도해 주신 하나님께 깊은 감사와 영광을 올려드린다. 그리고 내가 그리스도 안에서 성장하도록 많은 도움을 주신 목사님들과 교수님들, 친구들에게 감사의 마음을 전하고 싶다. 설교를 통해 섬길 수 있도록 도와주신 시카고 에버그레이스 교회의 성도님들께도 감사드린다. 누구보다 항상 내 곁에서 힘이 되어 주는 아내와 딸에게 마음 다해 감사한다.

이 책이 나올 수 있도록 많은 분이 도움을 주셨다. 좋은 가르침을 주신 여러 교수님, 특별히 성탄절에 대해 바른 성경적 이해를 하도록 도와주신 트리니티 신학교 여러 교수님께 감사드린다. 이 책을 수정하고 조언해 주신 박현수 목사님, 김보라 선교사님께 감사의 뜻을 표한다. 마지막으로 이 책이 출간되도록 도와주신 출판사 모든 분께 감사드린다.

*참고로 이 책에 인용된 모든 성경 구절은 개역개정 성경이다.

1장
마태의 이야기

―――― 마태복음 1:1~17 ――――

1 아브라함과 다윗의 자손 예수 그리스도의 계보라
2 아브라함이 이삭을 낳고 이삭은 야곱을 낳고 야곱은 유다와 그의 형제들을 낳고
3 유다는 다말에게서 베레스와 세라를 낳고 베레스는 헤스론을 낳고 헤스론은 람을 낳고
4 람은 아미나답을 낳고 아미나답은 나손을 낳고 나손은 살몬을 낳고
5 살몬은 라합에게서 보아스를 낳고 보아스는 룻에게서 오벳을 낳고 오벳은 이새를 낳고
6 이새는 다윗 왕을 낳으니라 다윗은 우리야의 아내에게서 솔로몬을 낳고
7 솔로몬은 르호보암을 낳고 르호보암은 아비야를 낳고 아비야는 아사를 낳고
8 아사는 여호사밧을 낳고 여호사밧은 요람을 낳고 요람은 웃시야를 낳고
9 웃시야는 요담을 낳고 요담은 아하스를 낳고 아하스는 히스기야를 낳고
10 히스기야는 므낫세를 낳고 므낫세는 아몬을 낳고 아몬은 요시야를 낳고
11 바벨론으로 사로잡혀 갈 때에 요시야는 여고냐와 그의 형제들을 낳으니라

12 바벨론으로 사로잡혀 간 후에 여고냐는 스알디엘을 낳고 스알디엘은 스룹바벨을 낳고
13 스룹바벨은 아비훗을 낳고 아비훗은 엘리아김을 낳고 엘리아김은 아소르를 낳고
14 아소르는 사독을 낳고 사독은 아킴을 낳고 아킴은 엘리웃을 낳고
15 엘리웃은 엘르아살을 낳고 엘르아살은 맛단을 낳고 맛단은 야곱을 낳고
16 야곱은 마리아의 남편 요셉을 낳았으니 마리아에게서 그리스도라 칭하는 예수가 나시니라
17 그런즉 모든 대 수가 아브라함부터 다윗까지 열네 대요 다윗부터 바벨론으로 사로잡혀 갈 때까지 열네 대요 바벨론으로 사로잡혀 간 후부터 그리스도까지 열네 대더라

대부분 책을 고를 땐, 평점을 확인하거나 베스트 셀러를 먼저 고르기 마련이다. 그런데 그간 수없이 흥행한 장편 소설 중에 족보(族譜)를 이야기의 소재로 삼은 것은 본 적이 거의 없다. 혹여 있었다고 하더라도 베스트 셀러가 된 적은 없었을 것이다. 대개는 조상 때부터 내려오는 한 가문의 혈통과 관계를 파헤치고 아는 것을 흥미로워하지 않기 때문이다. 그렇다 보니 분명 족보는 역사를 기록한다는 점에서 의미가 있지만, 이야기의 소재로 삼는 것은 피한다.

성경은 어떤가? 성경에도 족보가 여러 번 등장한다. 보통 새로운 사건을 시작하기 전이나 혹은 사건을 마무리하면서 관련된 인물들의 족보를 언급한다. 그러나 성경을 보는 성도 역시, 족보가 나오는 부분을 흥미로워하는 사람들은 적다. 물론 족보를 통해 인물에 대한 배경을 더 깊이 있게 이해할 수 있다는 점에서는 입을 모아 동의하지만, 성경을 읽다가 족보가 나오는 부분이 나오면 다들 빠르게 훑고 다른 장으로 넘어가려고 한다.

주후 1세기에 살던 유대인들도 오늘날 성도들과 같았을까? 아마도 구약을 잘 아는 유대인들은 성경에 기록된 족보를 흥미롭게 여겼을 것이다. 그 이유는 성경에 기록된 이름들은 자신들의 신앙 유산의 일부였기 때문이다.

족보에 관한 흥미와 관심은 관계성에서 비롯된다. 예를 들어 누군가 앨범에 있는 사진을 보여준다고 가정해 보자. 똑같은 사진을 보여준다고 하더라도 보는 사람에 따라 어떤 사람은 관심 있게 들여다볼 수 있고, 또 다른 사람은 전혀 관심을 두지 않을 수 있다. 그 사진 속 인물이 잘 아는 사람이라면 재미있겠지만 전혀 알지 못하는 사람이라면 차라리 제주도 사진이나 나이아가라 폭포 사진과 같은 사진들을 훨씬 더 재미있어 할 것이다. 따라서 족보와 관련 없는 이들은 족보에 큰 관심도 흥미도 없을 뿐 아니라 지루하다고 느끼는 것이 당연하다.

그런 탓에 성경 중 족보에 기록된 이들을 잘 모르는 성도가 족보가 기록된 부분을 빠르게 지나가는 것은 일면 이해된다. 그러나 만약 성경에 기록된 이름들을 잘 안다면 어떨까? 이름이 나올 때 잠시 멈추어 다양한 질문을 던져보고 생각하게 될 것이다.

'성경이 아브라함에 대해 어떻게 말하고 있는가?', '성경이 이삭에 대해서는 뭐라고 기록하고 있는가?', '성경이 야곱에 대해 어떻게 설명하고 있는가?', '성경이 다윗에 대해 어떻게 바라보는가?' 등 다양한 질문을 통해 족보에 나온 인물들에 대해 깊이 들여다보게 된다. 깊이 있게 성경의 이야기를 알아갈 때, 더는 성경에 나오는 족보가 지루하다고만 여기지 않게 된다.

마태는 그의 복음서를 예수님의 족보로 시작했다. 이 족보를 성경 속 인물의 이름들을 단순히 나열한 것으로 생각할 수 있다. 하지만 여기에 기록된 성경 이름들은 구속 역사의 사건들을 기억하도록 도와줄 뿐만 아니라, 예수님이 구약에 약속된 바로 그 메시아이심을 증명하고 있다. 즉 성경에 나오는 족보는 예수님이 자신이 메시아라고 주장한 것에 대한 타당성을 나타내는 중요한 메시지를 담는다.

마태복음의 저자는 예수님의 열두 제자 중 한 사람으로 예수님과 3년 이상을 함께 사역하며 시간을 보낸 마태다. 그의 이력 중 특별한 점은 세금 징수원으로 돈을 잘 벌었지만, 예수님이 부를 때 모든 것을 버리고 그분을 따랐다는 사실이다. 그는 복음서를 쓸 때, 왜 예수님의 탄생 이야기 이전에 가장 먼저 예수님의 족보를 기록한 걸까? 마태복음에 예수님의 족보를 기록함으로 어떤 메시지를 전하고 싶었던 걸까? 이 족보를 통해 예수님에 관한 세 가지 중요한 사실을 알 수 있다.

1. 예수님이 메시아임을 믿으라 (1~17절)

책을 시작할 때 첫 구절은 마치 첫인상과도 같다. 그래서 글의 첫 구절을 통해 글쓴이의 의도를 짐작해 보기도 하고, 책에서 말하고자 하는 바가 무엇인지 살펴보는 단서를 찾기도 한다. 성경도 이와 같다. 성경의 흐름을 잘 이해하기 위해서는 저자가 말하려는 의도를 잘 알아채는 것이 중요하다.

마태는 그의 복음서를 통해 예수님이 다윗의 자손이라는 것을 드러내고 강조한다. 마태복음은 "아브라함과 다윗의 자손 예수 그리스도의 계보라(1절)"라는 말로 시작된다. 더불어 마태복음 곳

곳에서 예수님이 다윗의 자손이라는 사실을 강조하려는 의도를 찾을 수 있다.

마태복음 1장에 기록된 족보는 크게 세 부분으로 나누어져 있다. 첫 번째 부분은 아브라함부터 다윗(6상절)까지고, 두 번째 부분은 다윗으로 시작되어 다윗 왕조의 끝까지 이어진다(11절). 그리고 세 번째 부분은 바벨론 포로 생활을 시작으로 예수님의 오심으로 끝이 난다(16절).

마태복음 1장 족보의 구조

아브라함	다윗	바벨론 포로생활 시작
●	●	●
⋮	⋮	⋮
다윗	다윗 왕조의 끝	예수님
14	14	14

마태는 다윗을 중심으로 족보를 나눠 기록함으로 예수님이 다윗의 자손이라는 사실을 다시 한번 강조한다. 더욱이 주목할 것은 그는 예수님의 족보를 열네 세대씩 세 부분으로 기록했다는 것이다. 이렇게 기록됨에 따라 오해하는 부분 중 하나는 아브라함부터 다윗까지 열네 명, 다윗부터 바벨론 포로로 가기까지 열

네 명, 포로 생활의 시작에서 메시아까지 열네 명만 있었다고 생각하는 것이다. 그러나 사실은 그 중간에 더 많은 사람이 있었다. 마태는 의도적으로 족보에서 일부 이름을 생략했다. 예를 들어 8절에서 요람과 웃시야 사이에는 아하시야, 요아스, 아마샤가 있었다. 즉 마태가 무엇인가를 강조하기 위해 열네 세대씩 세 부분으로 나눈 구조를 사용했다는 사실이다. 그것이 무엇인가?

이 당시 유대인의 글에는 흔히 숫자가 코드로 사용됐다. 히브리어에는 숫자가 없다. 따라서 그들은 히브리어 알파벳의 자음을 숫자로 사용했다. 그것을 한글로 비교하자면 ㄱ=1, ㄴ=2, ㄷ=3, ㄹ=4로 사용했다는 것이다. 히브리어 '다윗'에 포함된 세 개의 자음도 4, 6, 4의 값을 가진다. 그 합은 14이다. 즉 14는 다윗의 수이다. 즉 마태는 예수님이 다윗의 자손이라는 사실을 강조하기 위해 이 족보를 세 부분의 열네 세대로 구성해서 기록했다는 사실이다.

그렇다면 마태가 이토록 예수님이 다윗의 자손임을 강조한 까닭은 무엇일까? 왜 그는 예수님이 다윗의 자손임을 드러낸 걸까?

구약에서는 이 세상을 구원하실 메시아가 다윗의 자손으로 오실 것임을 말했다. 사무엘하 7장을 보면 하나님께서 다윗에게 그의 자손을 통해 영원한 왕이 올 것이라고 약속한 부분이(삼하 7:12~13) 분명하게 기록돼 있다. 또한 이 약속은 선지자 이사야에 의해 반복된다.

이는 한 아기가 우리에게 났고 한 아들을 우리에게 주신 바 되었는데
그의 어깨에는 정사를 메었고 그의 이름은 기묘자라, 모사라,
전능하신 하나님이라, 영존하시는 아버지라, 평강의 왕이라 할 것임이라
그 정사와 평강의 더함이 무궁하며
또 다윗의 왕좌와 그의 나라에 군림하여
그 나라를 굳게 세우고 지금 이후로 영원히 정의와 공의로
그것을 보존하실 것이라
만군의 여호와의 열심이 이를 이루시리라 (이사야 9:6~7)

이사야는 하나님이 타락한 인간들에게 메시아를 보내어 그들을 죄에서 속량할 것이며, 이 메시아는 다윗의 자손으로 오실 것임을 이야기한다. 마태는 그의 복음서 시작부터 이 약속을 아주 분명하게 기억시키고 나타낸다. 그러니 마태가 강조한 것처럼 예수님이 다윗의 자손으로 오신 메시아이심을 믿고 고백해야 한다.

2. 예수님 안에서 새로운 삶을 살라 (1절)

구약은 히브리어로 기록됐다. 그 후 주전 2세기 때 70명의 학자가 히브리어로 기록된 구약을 헬라어로 번역했다. 그리고 그 안에 '계보'라는 단어가 두 번 등장한다. 그 첫 번째는 창세기에 천지창조(창 5:1)를 기록할 때이다. 이것은 중요한 사실을 말해 준다.

창세기 2장 4절에는 "이것이 천지가 창조될 때에 하늘과 땅의 내력이니 여호와 하나님이 땅과 하늘을 만드시던 날에"라고 기록

하며 하나님께서 인간을 창조하신 방법을 전했다. 창세기 5장 1절에는 "이것은 아담의 계보를 적은 책이니라 하나님이 사람을 창조하실 때에 하나님의 모양대로 지으시되"라고 말하며, 죄가 세상에 들어왔기 때문에 죽은 사람들의 이름들을 기록했다. 그리고 마태는 마태복음 1장 1절에 동일한 단어 '계보'를 사용해 예수님의 새로운 시작을 알렸다. 그는 이 단어를 사용함으로 주전 세계가 끝나고 주후 세계가 시작되었음을 이야기한다. 마태는 예수님께서 새 시대를 시작하셨기 때문에 예수님 안에서 새 삶을 살 수 있다고 말한다. 예수님으로 인해 더는 죄에 속박되어 살 필요 없이 죄로부터 자유로운 삶을 살 수 있다. 또 예수님 안에서 진정한 의미를 갖고 영원적 목표를 가진 새로운 삶을 살 수 있다.

영어의 약어 B.C.는 'Before Christ'의 약자로 예수 그리스도의 탄생 이전의 모든 시간을 의미한다. 또 A.D.는 라틴어로 'Anno Domini'의 약자이며 이것은 '우리 주의 해'라는 뜻이다. 즉 예수 그리스도의 탄생 이후 모든 시간을 의미한다. 그러므로 예수님께서는 주전(B.C.)과 주후(A.D.)를 나누신 분이다.

모두에게는 개인적 주전(B.C.)과 주후(A.D.)가 있다. 예수님을 만나기 전에는 하나님과 떨어져 살았지만, 예수님을 만난 후에는 예수님 안에서 새로운 삶을 산다. 그리고 이 새로운 삶은 누구에게나 주어질 수 있다. 우리가 해야 하는 것은 예수님이 인간들을 죄에서 구원하러 오신 메시아이심을 믿는 것뿐이다. 예수님이 구원자 되심을 믿으면 그 누구나 새로운 삶을 살 수 있다.

3. 예수님의 복음을 전하라 (1~2, 17절)
마태는 아브라함의 자손인 예수님이 모든 민족을 축복하는 수단이라는 사실을 알린다.

> 아브라함과 다윗의 자손 예수 그리스도의 계보라.
> 아브라함이 이삭을 낳고 (마1:1~2상)
>
> 그런즉 모든 대 수가 아브라함부터 다윗까지 열네 대요 (마 1:17상)

마태복음의 족보에 아브라함이 언급된다. 이를 통해 예수님이 아브라함의 자손임을 드러낸다. 그 이유가 무엇인가? 그것은 아브라함이 이스라엘의 시작이었기 때문만은 아니다. 구약을 잘 아는 사람이라면 누구나 아브라함에게 주어진 하나님의 약속을 기억할 것이다.

하나님은 아브라함과 언약을 맺었다. 땅의 모든 족속이 아브라함의 자손을 통해 복을 얻을 것이라고 약속하셨다(창 12:3). 또한 천하 만민이 아브라함의 자손을 통해 복을 얻을 것이라고 말씀하셨다(창 22:18). 이때 사용된 '모든 민족'이나 '천하 만민'이라는 단어는 성경에서 매우 드물게 사용된다. 그런데 이 단어가 어디에 또 나오는지 아는가? 마태복음 끝에 기록된 예수님이 주신 지상명령에 나온다.

> 예수께서 나아와 말씀하여 이르시되
> 하늘과 땅의 모든 권세를 내게 주셨으니
> 그러므로 너희는 가서 모든 민족을 제자로 삼아
> 아버지와 아들과 성령의 이름으로 세례를 베풀고
> 내가 너희에게 분부한 모든 것을 가르쳐 지키게 하라
> 볼지어다 내가 세상 끝날까지 너희와 항상 함께 있으리라 하시니라
> (마태복음 28:18~20)

마태는 그의 복음서 처음에 이 주제를 소개하고 같은 주제로 복음서를 끝맺는다. 또 모든 민족에게 축복의 통로가 될 아브라함을 마태복음의 첫 구절과 마지막 구절에 언급한다.

이뿐만이 아니다. 이 족보에는 마리아를 제외하고 네 명의 여자가 나온다. 그 당시 족보에 여성의 이름을 포함하는 것은 매우 이례적인 일이었다. 그리고 이왕 여성을 포함하려면 믿음의 위대한 예를 보여준 여성을 언급해야 했다. 그런데 마태는 사라, 리브가, 라헬이 아닌 의외의 인물들을 포함했다. 유대인이 아니었을 뿐만 아니라 근친상간을 저지른 죄인인 다말과 이방인 매춘부였던 라합, 모압 여인 룻이었다. 그리고 이름조차 언급되지 않은 우리야의 아내 밧세바이다.

마태는 왜 그녀를 밧세바라고 부르지 않았는가? 마태는 왜 그

녀를 '우리야의 아내'라고 소개했는가? 그 이유는 간단하다. 우리야는 유대인이 아니고 헷 사람이었다. 마태는 이를 기록함으로 아브라함의 자손이며 다윗의 자손인 예수님 안에 이미 이방인의 피가 섞여 있음을 드러냈다. 이 사실은 아브라함에게 하신 약속을 이루신 예수님은 단지 유대인들만을 축복하기 위해 온 것이 아니고, 모든 민족을 축복하기 위해 오셨음을 보여준다. 아브라함의 자손이신 예수님은 모든 민족이 복을 받는 수단이다. 그러므로 예수님의 제자들은 모든 민족에게 예수님의 복음을 전파해야 한다. 가서 모든 민족을 제자로 삼으라는 지상명령을 지켜야 한다. 여기서 모든 민족은 모든 사람을 포함한다. 여자, 남자, 성인, 소년, 동양인, 서양인, 아프리카인, 좌파, 우파, 우리가 좋아하는 사람, 우리가 싫어하는 사람, 우리와 비슷한 사람, 우리와 비슷하지 않은 사람까지 모두. 예수님은 특정한 사람이 아니라 모든 사람을 구원하시기 위해 이 세상에 오셨다. 그러므로 예수님의 제자들은 모든 사람이 전부 다 구원받도록 예수님의 복음을 전해야 한다.

　마태는 예수님과 3년 이상을 함께 보냈다. 그는 예수님이 하신 일들을 직접 보고 예수님이 하신 말씀을 직접 들었다. 그리고 그는 예수님이 구약이 약속한 메시아라고 결론지었다. 그는 자신의 복음서를 기록할 때 예수님의 탄생으로 시작하지 않았다. 예수님의 탄생에 대해 기록하기 전에 먼저 예수님의 족보를 기록했다. 그리고 그 족보를 통해 중요한 사실을 말해 주었다. 그러므로 우리는 예수님이 메시아이심을 믿고, 예수님 안에서 새로운 삶을 살고, 예수님의 복음을 전해야 한다. 이것이 마태가 말한 성탄절 이야기이다.

아브라함의 자손이신

예수님은

모든 민족이

복을 받는 수단이다

2장
요셉의 이야기

―――― 마태복음 1:18~25 ――――

18 예수 그리스도의 나심은 이러하니라 그의 어머니 마리아가 요셉과 약혼하고 동거하기 전에 성령으로 잉태된 것이 나타났더니
19 그의 남편 요셉은 의로운 사람이라 그를 드러내지 아니하고 가만히 끊고자 하여
20 이 일을 생각할 때에 주의 사자가 현몽하여 이르되 다윗의 자손 요셉아 네 아내 마리아 데려오기를 무서워하지 말라 그에게 잉태된 자는 성령으로 된 것이라
21 아들을 낳으리니 이름을 예수라 하라 이는 그가 자기 백성을 그들의 죄에서 구원할 자이심이라 하니라
22 이 모든 일이 된 것은 주께서 선지자로 하신 말씀을 이루려 하심이니 이르시되
23 보라 처녀가 잉태하여 아들을 낳을 것이요 그의 이름은 임마누엘이라 하리라 하셨으니 이를 번역한즉 하나님이 우리와 함께 계시다 함이라
24 요셉이 잠에서 깨어 일어나 주의 사자의 분부대로 행하여 그의 아내를 데려왔으나
25 아들을 낳기까지 동침하지 아니하더니 낳으매 이름을 예수라 하니라

살다 보면 누군가에게 무언가를 빌려주기도 하고 또 빌리기도 하며 서로의 부족함을 도우며 산다. 하지만 하나님은 그 누구에게도 존속 받지 않으시고, 그 누구도 필요로 하지 않으신다. 하나님은 누구에게 무엇을 빌리실 필요가 없다. 그러나 인간들을 축복하시기 위해 인간을 사용하시기도 한다.

예수님이 육신의 몸을 입고 이 땅에 오셨을 때 많은 것을 사람들에게 빌렸다. 먼저 예수님은 이 땅에 태어날 때, 구유를 그의 침대로 빌렸다. 사역할 때는 군중에게 먹일 점심이 없자 어린아이의 도시락을 빌렸고, 예루살렘으로 입성할 때는 나귀를 빌려야만 했다. 돌아가셨을 땐 다른 사람으로부터 무덤을 빌려야 했다. 또 무엇보다 예수님은 이 땅에 오실 때 육신의 아버지를 빌리셨다. 요셉이 어떤 사람이기에 하나님은 그에게 육신의 아버지라는 영광을 맡긴 걸까?

요셉의 이야기는 성경에 많이 기록돼 있지 않다. 요셉은 주인공이기보다는 주인공을 돕는 조연에 가까워 보인다. 성경 동화나 성탄절 그림을 보아도 요셉은 예수님이 누인 구유 옆에 작게 그려져 있지 그를 중심으로 그림이 그려져 있지 않다. 성탄절 이야기를 들을 때도 마리아나 목자들이나 동방박사들의 이야기는 많이 듣지만, 요셉에 관한 이야기는 잘 듣지 못한다. 어쩌면 요셉은 사람의 눈에는 잘 띄지 않는 엑스트라 배우 같다. 그러나 하나님의 보시기에 요셉은 최고의 주연이었다. 하나님이 캐스팅한 훌륭한 믿음의 사람이었다. 그래서 하나님은 그에게 예수님의 아버지 역할과 더불어 예수님과 마리아의 안전을 맡기셨다. 요셉은 악한 세대를 따르지 않고 믿음의 삶을 살았기 때문에 이 땅에서 예수님의 아버지가 되는 영광을 누리게 되었다. 그래서 요셉의 이야기를 통해 믿음의 삶을 살아가는 도전을 받게 된다.

1. 죄를 멀리하는 삶을 살라 (18~19절)

하나님이 선택한 요셉은 어떤 사람이었을까? 그는 당대에 존경 받는 유명인이거나 마을에서 명망 있고 영향력을 가진 사람은 아니었다. 지극히 평범한 청년이었다. 하지만 그는 의로운 사람이라는 평판이 있었다. 요셉이 살던 당시에는 타락과 부패가 만연했고 종교 지도자들 또한 마찬가지였다. 당시 종교 지도자들은 하나님을 위해 사는 데는 별 관심이 없었고 오직 권력과 물질에만 관심이 있었다. 그러나 요셉은 부패한 세상에서 죄를 멀리하고 의로운 삶을 살던 사람이었다. 요셉은 악한 세대 속에서 신앙을 지키며 살기 위해 죄 가운데 머물지 않고 죄가 발 들이지 못하도록 멀리하는 삶을 살았다. 그래서 요셉은 마리아가 임신한 사실을 알고 난 후, 파혼하기로 결심했다. 그는 의로운 사람이었는데 자신과 약혼한 마리아가 임신했다는 사실을 알았고, 그 아이가 자신의 아이가 아님을 분명히 알았다. 그래서 요셉은 마리아가 부도덕한 죄인이라고 생각했기 때문에 그녀와 파혼하기로 작정한 것이다. 즉 그는 모든 죄와 죄인에게서 자신을 멀리하기로 작정한 사람이었다.

마리아와 요셉은 둘 다 나사렛에서 살고 있었다. 나사렛은 갈릴리에 있는 아주 작은 마을이었다. 요셉과 마리아는 이 작은 마을에 살았다. 이들이 처음부터 이곳에 산 것은 아니고 요셉의 본적은 베들레헴이다. 그래서 인구조사가 있었을 때 요셉은 마리아와 함께 베들레헴으로 갔다. 베들레헴은 나사렛과 비교가 되지 않을 정도로 훨씬 크고, 돈도 많던 마을이다. 특히 예수님 당시 헤롯 왕은 베들레헴에 많은 건축공사를 했기 때문에 목수였던 요셉은 베들레헴에 계속 머문다면 많은 돈을 벌 수도 있었다. 그런데 왜 요셉과 마리아는 좋은 동네를 두고 작은 시골 마을인 나사렛에 가서 살았을까? 당시 헤롯 왕은 헬라의 신을 섬기는 신전을 베들레헴에 건축하고 있었다. 요셉은 하나님이 아닌 다른 신의 신전을 짓는 것에 동참하는 것을 원하지 않았다. 그것이 아무리 경제적으로 혜택을 주더라도 그는 믿음을 배반하는 행위에 동참하는 것을 거절하고 가난한 나사렛에서 와서 살았다. 요셉은 아무리 가난하더라도 믿음에 반대되는 행위는 하지 않기로 결단한 것이다. 그는 하나님 앞에서 의롭지 못한 행위를 통해 돈을 버는 삶보다 가난한 삶을 살기로 기꺼이 택했다.

하나님은 오늘날에도 2천 년 전과 같이 죄를 멀리하고 믿음을 굳게 하며 의로운 삶을 사는 사람들을 찾고 계신다. 그러므로 요셉과 같이 이 시대를 본받지 않고 믿음을 지키며 살고 있는지 점검해 봐야 한다. 돈을 벌 수만 있다면 믿음을 타협할 수 있다고 생각하는 마음이 조금이라도 있다면, 요셉과 같이 죄를 멀리하는 믿음의 결단을 해야 한다. 죄를 범해야 돈을 벌 수 있다면 가난을 택해야 한다. 아무리 손해 보는 것 같더라도 죄를 멀리하는 삶을 살아야 하나님께 쓰임 받는 영광을 누리게 된다.

2. 다른 사람들을 은혜로 대하라 (19절)

말씀을 지키며 의로운 삶을 살던 요셉은 마리아가 임신했다는 믿지 못할 이야기를 듣는다.

요셉은 마리아가 임신한 것을 들었을 때 어떻게 느꼈을까? 아기를 가졌다는 말은 다른 남자와 관계가 있었다는 얘기다. 즉 그녀는 짓지 않아야 할 죄를 지은 것이다. 요셉은 이 일로 여러 감정을 느꼈을 터다. 마리아가 자신처럼 의로운 사람인 줄로 알았는데 매우 놀랐을 것이다. 또 요셉은 슬펐을 것이다. 마리아와 결혼해서 행복한 가정을 이루길 원했지만, 그 꿈이 깨어졌으니 큰 슬픔에 빠졌을 것이다. 그리고 무엇보다 요셉은 배신감에 매우 화가 났을 것이다. 아마도 화가 나서 마리아에게 화풀이하려는 마음도 있었을지 모른다. 그가 마리아를 찾아가서 화를 내도 누가 그를 탓하겠는가? 그러나 요셉은 그렇게 하지 않았다. 그는 믿음의 사람이기에 자신의 화를 자제할 수 있었다. 이런 중에도 마리아를 보호하고자 그녀와 조용히 파혼하기로 했다.

그는 믿음의 사람으로 그녀에게 은혜를 베풀기로 했다. 그럴 필요가 없었고 그녀를 공개적으로 창피 줄 수도 있었지만, 아무에게도 알리지 않았다. 그녀를 용서하고 은혜로 대하기로 한 요셉의 모습에서 신앙과 삶이 일치된 모습이 보인다.

영적인 성장과 성숙은 말이 아닌, 삶의 반응을 통해 알 수 있다. 다른 사람의 잘못을 용서하는 것이 요셉에게 더 쉬울 리 없었다. 하지만 그가 죄를 범한 사람을 은혜로 대한 것은 하나님의 사랑에서 비롯된 것이다. 그는 은혜를 베푸는 사람으로, 죄는 미워해도 죄인은 사랑한 것이다. 참 신앙은 누군가의 행동에 자극받아 나타나는 반응을 통해 더 확실히 보인다. 갑자기 누군가가 화나게 하는 행동을 했을 때 어떻게 반응하는지가 신앙의 성장도를 보여준다.

살다 보면 삶 가운데 다양한 사람들을 만나게 된다. 때로는 기쁜 만남도 있지만, 나에게 상처 되는 만남도 있다. 나를 신뢰해 주는 사람도 있지만, 나를 배신하는 사람도 있을 수 있다. 그러나 믿음의 반응은 요셉처럼 그들을 은혜로 대하는 것이다. 누군가가 잘못했다고 화내고, 욕하고, 망신을 준다면 이 세상은 살기 어려운 세상으로 변할 것이다. 하지만 해를 끼친 사람을 은혜로 대한다면 하나님께 쓰임 받는 사람이 될 수 있다.

3. 하나님께 순종하라 (20~25절)

나사렛은 작은 마을이었다. 그러니 마리아가 임신한 것이 알려지는 것은 시간문제였다. 마리아나 요셉 모두 사람들에게 손가락질과 질시를 당할 수도 있었다. 게다가 요셉은 약혼녀의 임신으로 다른 사람들에게 오해받아 창피를 당할 수 있는 상황이었다. 그러니 어찌 보면 굉장히 억울한 상황이었다. 그러나 조용히 파혼하려던 요셉은 파혼하지 않기로 했다. 그 이유는 바로 하나님이 천사를 요셉에게 보내 마리아가 성령으로 잉태됐다는 사실을 알게 하셨기 때문이다. 요셉은 그 천사의 말을 믿고 마리아와 결혼하기로 했다. 요셉의 믿음은 자신이 창피당하며 사회적으로 어렵게 될 것을 생각하지 않고, 자신의 아이가 아닌 다른 사람의 아이를 임신한 여자와 결혼하기로 했다. 요셉의 믿음이 그를 하나님께 순종하게 했다.

이것은 결코 쉬운 일이 아니다. 요셉은 이미 자신의 계획이 있었고, 마리아와 파혼하기로 했었다. 그러나 하나님께서는 그의 계획을 바꾸셨다. 요셉은 벌어진 일들을 도무지 이해할 수 없었을 것이다. 어떻게 처녀가 잉태할 수 있는가? 하나님께서 왜 하필 이 일을 나에게 맡기셨는가? 마리아가 성령으로 잉태했다고 하면 누가 그 말을 믿겠는가? 그는 하나님이 하시는 일을 도무지 이해할 수 없었지만 순종하기로 했다. 그에게 있던 순종의 마음은 임신한 여자와의 결혼을 무르지 않도록 했다. 어려움 가운데도 그는 하나님께 순종하기로 결단했다.

하나님께 순종하는 것은 항상 쉬운 일이 아니다. 어떨 때는 너무 어려운 일을 맡기신다고 생각할 수도 있다. 하지만 그 일에 순종하면 생각하지도 못한 축복을 경험하게 된다. 그래서 이해하지 못해도 순종해야 한다. 하나님께서는 이해가 되면 순종하라고 하시지 않았다. 대신에 순종하면 이해하게 된다고 하셨다. 그래서 먼저 믿음으로 순종해야 한다. 그래야 요셉과 같이 하나님께 쓰임 받는다.

성경은 요셉에 대해 자세히 기록하지 않았다. 예수님의 어린 시절이 지나고 나서는 요셉에 대한 언급이 성경에 없다. 많은 사람이 요셉은 아마도 예수님이 젊었을 때 이 세상을 떠났을 것으로 생각한다. 그러나 요셉이 등장하는 이 짧은 말씀을 통해 그가 얼마나 좋은 믿음의 사람이었는지 알 수 있다. 그래서 하나님께서는 인류를 구원하시려고 그의 독생자 예수 그리스도를 이 땅에 보내실 때, 다윗의 후손인 요셉의 집에 예수님이 태어나게 한 것이다.

혹시 성탄절 성화를 보게 되면, 예수님 옆에 조용히 서 있는 요셉을 바라보라. 그가 예수님의 탄생 때 그다지 중요하지 않은 인물처럼 느껴질 수 있지만, 하나님은 예수님의 육신의 아버지가 될 역할을 아무에게나 맡기지 않으셨다. 요셉은 죄를 멀리하는 삶을 살았고, 다른 사람들을 은혜로 대하는 삶을 살았고, 하나님께 순종하는 삶을 살았다. 그렇기에 하나님은 그에게 예수님의 아버지 역할을 맡기신 것이다. 이것이 바로 하나님께 사용 받는 사람들이 되기 위해 본받아야 하는 삶이다.

영적인 성장과 성숙은

말이 아닌

삶의 반응을 통해

알 수 있다

3장
동방박사들의 이야기

―――― 마태복음 2:1~12 ――――

1 헤롯 왕 때에 예수께서 유대 베들레헴에서 나시매 동방으로부터 박사들이 예루살렘에 이르러 말하되
2 유대인의 왕으로 나신 이가 어디 계시냐 우리가 동방에서 그의 별을 보고 그에게 경배하러 왔노라 하니
3 헤롯 왕과 온 예루살렘이 듣고 소동한지라
4 왕이 모든 대제사장과 백성의 서기관들을 모아 그리스도가 어디서 나겠느냐 물으니
5 이르되 유대 베들레헴이오니 이는 선지자로 이렇게 기록된 바
6 또 유대 땅 베들레헴아 너는 유대 고을 중에서 가장 작지 아니하도다 네게서 한 다스리는 자가 나와서 내 백성 이스라엘의 목자가 되리라 하였음이니이다
7 이에 헤롯이 가만히 박사들을 불러 별이 나타난 때를 자세히 묻고
8 베들레헴으로 보내며 이르되 가서 아기에 대하여 자세히 알아보고 찾거든 내게 고하여 나도 가서 그에게 경배하게 하라
9 박사들이 왕의 말을 듣고 갈새 동방에서 보던 그 별이 문득 앞서 인도하여 가다가 아기 있는 곳 위에 머물러 서 있는지라
10 그들이 별을 보고 매우 크게 기뻐하고 기뻐하더라

11 집에 들어가 아기와 그의 어머니 마리아가 함께 있는 것을 보고 엎드려 아기께 경배하고 보배합을 열어 황금과 유향과 몰약을 예물로 드리니라
12 그들은 꿈에 헤롯에게로 돌아가지 말라 지시하심을 받아 다른 길로 고국에 돌아가니라

기대는 그 사람의 행동을 좌우한다. 어떤 한 어머니가 있었는데 그녀는 요리가 서툴렀다. 그녀가 한 음식은 짜고, 맵고, 싱겁고, 달아서 도무지 먹을 수가 없었기 때문에 그 집에서는 항상 음식을 주문해서 먹었다. 그런데 이 어머니가 이번 성탄절 때는 자신이 모든 음식을 손수 만들겠다고 선언했다. 가족들은 원하지 않았지만, 격려하는 마음으로 반대는 하지 않았다. 그 어머니는 음식을 만든 후 가족들에게 말했다. "만약에 내가 만든 것을 먹을 수 없으면, 아무 말도 말고 그냥 식당에 가서 저녁을 사 먹도록 하자!" 그리고 그 어머니는 부엌에 가서 자신이 만든 음식을 가지고 나왔다. 그때 그녀는 온 가족이 외투와 모자를 쓰고 식당에 갈 준비를 한 채 식탁에 앉아있는 것을 보았다. 이렇게 기대는 그 사람의 행동을 좌우한다.

사람들은 저마다의 기대를 안고 산다. 우리는 어떤 기대를 안고 있는가? 원하는 대학에 들어가는 기대, 꿈의 직장에 취업하는 기대, 가정을 이루는 기대, 인기를 얻는 기대 등 서로 다른 모습의 기대를 가지고 있다. 기대는 사람들이 열심을 내어 살아가는 데 동기부여가 되고 큰 활력을 준다. 예를 들어 꿈에 그리던 회사에 들어가기 위해 열심히 공부하고, 가족들이 행복하게 살 수 있는 집을 마련하기 위해 열심히 돈을 벌게 해 준다.

반면 부푼 기대가 한 순간에 허물어질 때가 있다. 공부를 열심히 해서 원하는 회사에 힘들게 입사했지만, 막상 들어가 보니 생각했던 것과 달라 만족감이 없을 수 있다. 또 열심히 돈을 벌어 집을 장만하면 가정이 평안하고 행복할 줄 알았지만, 가정불화가 계속될 수도 있다. 이처럼 큰 기대감을 품고 나아가다가 멈춰 선 곳이 마치 별을 쫓아가다가 당도한 마구간처럼 허름하다고 느껴질 때가 있다. 이럴 때 어떻게 해야 하는가?

별을 보고 메시아의 탄생을 안 동방박사들은 그 별을 쫓아 예수님을 만나러 길을 떠났다. 예수님의 탄생을 알게 된 그들의 마음은 기쁨과 감격으로 벅차올랐을 것이다. 이런 벅찬 마음이 그들의 고된 여정도 잊게 했을지도 모른다. 그리고 마침내 별이 멈춰 섰을 때, 그들의 감정은 더 고조됐을 터다. 예수님을 만나기 직전이니까 말이다. 그런데 별이 멈춘 곳은 너무 뜻밖의 장소였다. 그곳은 왕궁이 아닌 어느 허름한 마구간이었다. 그들이 전혀 예상하지 못했을 만했다. 어느 누가 이 땅에 왕으로 오신 예수님이 보잘것없는 구유에 누워 있을 거라고 상상할 수 있었겠는가? 예수님은 사람들의 기대와 달리 가장 작고 낮은 장소에 오셨다. 이들은 별을 보고 큰 기대를 하며 그 별을 쫓아가다 마구간에 도착했다. 이때 이들은 어떻게 했나? 이들을 통해 큰 기대를 하며 마구간과 같은 장소에 도착했을 때 어떻게 해야 하는지 배울 수 있다.

1. 그곳에 함께 계신 하나님을 보라 (11상절)

동방박사들은 별이 마구간에 멈춰 섰을 때 적지 않게 당황했을 것이다. 그러나 그들은 자신들이 예상하지 못한 곳에 별이 멈춰 섰더라도 예수님의 왕 되심을 의심하지 않았다. 동방박사는 그저 기뻐하며 아기 예수께 경배했다. 마구간이 아무리 허름해도 그들은 그 안에 계신 예수님만을 보았다. 동방박사들의 지혜로운 행동은 우리에게 무엇을 바라보고 무엇을 기대해야 하는지 도전한다. 기대가 무너진 상황 속에서도 동방박사들처럼 하나님이 그곳에 함께하심을 믿는 믿음을 가져야 한다. 믿음이 약한 사람들은 모든 것이 잘될 때만 하나님이 함께한다고 생각하지만, 믿음이 강한 사람들은 어려운 일 가운데도 함께하시는 하나님을 바라본다. 믿음의 사람은 어떠한 환경 속에서도 하나님의 함께하심을 볼 수 있는 사람이다.

누구나 때론 하나님을 오해한다. 계획했던 일들이 원하는 대로 풀리면 하나님이 함께한 덕분이라고 믿지만, 반대로 예상치 못한 어려운 일들을 겪으면 하나님이 함께하지 않았기 때문이라고 생각한다. 왜 그럴까? 영의 눈이 아닌 육의 눈으로 상황과 환경을 바라보기 때문이다. 악인도 형통할 수 있으며 의인이라도 고난을 겪을 수 있다. 다만 성도는 모든 것이 잘될 때만 하나님을 바라보는 것이 아니라 삶의 모든 순간에서 함께하시는 하나님을 바라봐야 한다.

어려운 상황 가운데서도 하나님의 함께하심을 믿었던 성경 인물들이 있다. 구약에 나오는 요셉은 어떠했는가? 그는 지혜로운 사람이었다. 형제들에 의해 노예로 팔려 가고, 주인 보디발 아내의 유혹을 이겨냈지만, 그녀의 거짓말로 억울하게 옥살이하게 된다. 이런 상황 속에서도 요셉은 하나님의 함께하심을 볼 수 있었을까? 요셉은 애굽의 총리가 되어 형제들을 만났을 때 복수하지 않았다. 두려움에 벌벌 떨며 그에게 용서를 구하는 형님들을 향해 "형님들은 나를 해하려 했지만, 하나님은 그것을 선으로 바꾸사 오늘과 같이 만민의 생명을 구원하게 하려 하셨습니다."라고 고백했다. 요셉은 절망과도 같은 시간에도 함께하시고 역사하신 하나님을 바라본 것이다.

욥은 당대의 의인이라고 할 만큼 선한 믿음의 사람이었다. 이런 그에게도 감당할 수 없을 만한 고난과 재앙이 계속됐다. 자녀들을 모두 잃고 가지고 있던 재산도 모두 잃었다. 또 건강마저 잃었다. 모든 것을 잃은 그때 욥은 "우리가 하나님께 복을 받았으니 재앙도 받을 수 있지 않겠습니까?"라고 말한다. 하나님을 원망하는 대신 하나님을 신뢰하기로 선택한 것이다. 사도 바울은 하나님의 말씀을 전하다가 옥에 갇힌다. 그리고는 감옥에 있으면서 빌립보 성도들에게 "기뻐하라!"라고 격려했다.

성경에 기록된 믿음의 사람들을 통해 하나님께서 주시는 메시지는 원하지 않는 장소에 있을 때도 그곳에 계신 하나님을 보라는 것이다. 배우자가 이해해 주지 않고, 아이들이 속을 썩이고, 경제적으로 어렵더라도 하나님의 함께하심을 신뢰해야 한다. 직장 생활이 뜻대로 풀리지 않고 관계가 어렵더라도 함께하시는 하나님을 믿어야 한다. 때때로 외로워지고 혼자인 것 같고 알아주는 사람이 아무도 없는 것 같더라도 그 가운데 함께하는 하나님을 바라봐야 한다. 우리와 함께하시는 하나님을 바라볼 때, 문제를 바라보는 눈이 달라지고 문제를 헤쳐 나가는 새 힘이 더해질 것이다.

2. 가장 좋은 것을 하나님께 드리라 (11하절)

동방박사들은 베들레헴의 별을 보고 이 땅을 구원해 줄 메시아가 왔음을 알고 그를 찾아갔다. 하지만 그들의 눈에 보인 것은 왕의 화려함이 아닌 구유에 뉘어 있는 가난한 목수의 아들이었다. 그러나 그들은 마구간 앞에 도달해 서로를 보며 "목수의 아들로 마구간에서 태어난 아이에게 우리가 가지고 온 것을 다 줄 필요가 없다."라고 하지 않았다. 예물을 대충 드리거나 미리 준비해 온 예물을 다시 넣거나 가져온 예물 중에 일부만 드리지 않았다. 그들은 자신들이 가져온 가장 좋은 것을 예수님께 모두 바쳤다. 보배합을 열어 황금과 유향과 몰약을 주저함 없이 드렸다. 이들이 그럴 수 있던 까닭은 무엇일까? 그들은 구유에 뉘어 있는 분을 목수의 아들이 아닌 하나님의 아들, 즉 이 땅을 구원하실 메시아로 보았기에 가장 좋은 것을 드릴 수 있었다. 당장 눈에 보이는 환경으로 상황을 바라보고 판단한 것이 아니라 믿음의 눈으로 보았기에 그들이 가진 가장 좋은 것을 예수님께 드릴 수 있었다.

기도의 응답이 더디거나 오랜 기도에도 문제가 계속되고 그대로일 때, 마음 가운데 낙심이 찾아오곤 한다. 하나님을 아무리 붙들어도 모든 것이 소용없는 것처럼 느껴지기도 하고, 하나님 앞에 섭섭함이 쌓여간다. 그리고 이런 마음은 어느새 원망과 불평으로 바뀌어 하나님 앞에 귀한 것을 드리지 못하도록 가로막는 장애물이 되기도 한다. 예배를 방해하고 하나님 앞에 드리는 시간을 타협하게 한다. 헌신과 수고는 줄어들고 달란트는 하나님을 위해서가 아니라 나를 위해 쓰게 된다. 그렇다면 '나는 지금 하나님 앞에 나의 가장 귀한 것을 드리고 있을까?'라는 질문을 스스로 던져보자.

지혜의 사람들은 항상 최고의 예배, 최고의 감사, 최고의 헌신, 최고의 달란트로 하나님께 영광을 돌려드려야 한다. 내 생각과 다른 일들이 삶에 펼쳐지더라도 하나님을 감동하게 하는 최고의 예배를 올려 드리고, 나의 최고의 시간을 기꺼이 하나님 앞에 헌신하며, 나의 최고의 달란트를 하나님의 뜻을 위해 써야 한다. 내 마음이 낙심하여 하나님 앞에 최고의 것을 드리지 않고 있다면, 나는 지금 믿음의 눈으로 나의 삶을 바라보고 있는지 확인해야 한다.

사도 바울은 너희가 먹든지 마시든지 무엇을 하든지 다 하나님의 영광을 위해서 하라고 말한다(고전 10:31). 항상 모든 일을 하나님의 영광을 위해 최선을 다해서 해야 한다는 얘기다. 큰 기대를 하고 별을 쫓아 왔는데 믿음의 눈이 부족해 예수님을 만나 뵙지 못하고 그냥 돌아갔다면 얼마나 안타까울까? 모든 순간 하나님 앞에 최선과 최고의 것을 올려 드릴 때, 하나님은 우리 삶에 더 큰 은혜를 더하실 것이다. 더 큰 은혜를 사모한다면 모든 상황에서 최고의 것을 하나님 앞에 올려드리는 습관을 더해야 한다.

3. 하나님께 방향제시를 받으라 (12절)

마구간에 와서 예수님을 보았던 동방박사들은 헤롯 왕에게 가지 않고 곧장 고국으로 돌아갔다. 그들은 꿈을 통해 헤롯에게 돌아가지 말라는 하나님의 지시를 이미 들은 탓에 가려던 길을 돌이켜 고국으로 바로 간 것이다. 그들은 하나님께 가야 할 방향을 제시받고 순종했다.

사람들은 다양한 것을 자기 삶의 기준으로 삼고, 그 기준에 따라 삶이 나아가는 방향이 달라진다. 그렇다면 성도들은 무엇을 기준점으로 삼아야 할까? 다름 아닌 하나님의 말씀이다. 성경 말씀을 삶에 가장 큰 나침반으로 삼을 때, 하나님의 말씀에 귀 기울이며 말씀을 따라 믿음의 걸음을 걷게 된다.

아이들 찬양 중에 'YES! NO! WAIT!'이라는 곡이 있다. 가사의 내용을 짧게 요약해 보면 하나님이 YES하면 감사하고, 하나님이 NO하면 돌이키고, 하나님이 WAIT하면 기다리라는 내용이다. 너무도 당연한 말이지만, 말처럼 쉬운 일은 결코 아니다. 순종이 제사보다 낫다는 말만 봐도 순종이 얼마나 어려운지 알 수 있다. 특히 하나님의 방향이 우리가 생각하고 원하는 방향과 다를 때는 더더욱 그렇다.

하나님의 말씀을 삶의 기준으로 삼는 성도들은 자신의 방향을 하나님 방향에 맞출 수 있는 사람이다. 나의 경험과 생각으로는 하나님의 계획을 다 이해할 수 없는 순간에도 하나님이 제시하시는 방향을 따라야 한다. 그러기 위해 무엇보다 하나님의 마음을 구해야 한다. 하나님의 마음을 알아야 하나님의 뜻에 순종할 수 있기 때문이다.

나의 삶에 얼마나 많은 순종이 쌓여 있는가? 삶에 크고 작은 순종이 쌓였을 때, 우린 하나님 앞에 더 큰 순종과 믿음의 결단도 드릴 수 있게 된다. 때때로 우리의 방향을 돌이켜야 할 때 머뭇거림과 주저함이 아닌, 꿈에 나타난 하나님의 말씀에 즉시 순종해 그 방향으로 간 동방박사처럼 즉각적인 순종이 있기를 기대한다. 하나님이 제시한 길을 간다고 해서 돌짝밭이 꽃길이 되지는 않지만, 하나님께 묻고 구하며 걸어가는 사람의 삶에는 하나님으로 말미암은 평안과 형통함이 있다.

우리는 삶에서 무엇을 구하고 있는가? 우리가 구해야 할 것은 하나님의 방향이다. 하나님의 말씀에 귀 기울일 때 하나님께 방향을 제시받을 수 있다. 하나님이 함께하심을 믿고, 최고의 예배와 헌신을 드릴 때, 하나님이 제시해 주는 방향을 알고 순종하게 될 것이다.

필자는 과거에 이런 경험을 했었다. 미래에 대한 계획을 세우고 대학에 갔다. 좋은 공부를 해서 좋은 직장을 잡고 잘살아 보고 싶었다. 그런데 마구간 앞에 서 있는 나를 발견했다. 별을 따라 대학에 갔는데 마구간 앞에 다다른 것이다. 하나님께서 계획한 것을 막으심으로 낙심했다. 무척 실망했다. '하나님께서 나를 잘못된 길로 인도하신 것이 아닌가?' 의심도 했다. 낙심 끝에 우울감에 빠졌다. 그러나 그 마구간과 같은 곳에 예수님께서 함께 계신다는 사실을 깨달았다. 그래서 최선의 것을 바치기로 결심했다. 최선을 다해 공부하고, 최선을 다해 예배를 드리고 하나님을 섬겼다. 그때 하나님께서는 가던 방향을 바꾸어 새로운 삶을 살게 도와주셨다.

큰 꿈을 가지고 무엇인가를 시작했다가 마구간처럼 초라한 장소에 다다른 적이 있는가? 동방박사들은 별을 보고 길을 떠났다가 초라한 마구간 앞에 다다랐다. 하지만 그들은 그곳에 계신 하나님을 보았고, 가장 좋은 것을 하나님께 드렸고, 하나님이 주시는 방향으로 갔다. 이것이 우리가 별을 보고 무엇인가를 시작했다가 마구간처럼 초라한 곳에 도착했을 때 해야 하는 것이다. 기대했던 것과 다른 결과를 당했다고 낙심해서는 안 된다. 그러면 마구간과 같은 곳에서도 역사하는 하나님의 놀라운 기적을 경험하게 될 것이다.

4장
헤롯 왕의 이야기

―――― 마태복음 2:1~18 ――――

1 헤롯 왕 때에 예수께서 유대 베들레헴에서 나시매 동방으로부터 박사들이 예루살렘에 이르러 말하되
2 유대인의 왕으로 나신 이가 어디 계시냐 우리가 동방에서 그의 별을 보고 그에게 경배하러 왔노라 하니
3 헤롯 왕과 온 예루살렘이 듣고 소동한지라
4 왕이 모든 대제사장과 백성의 서기관들을 모아 그리스도가 어디서 나겠느냐 물으니
5 이르되 유대 베들레헴이오니 이는 선지자로 이렇게 기록된 바
6 또 유대 땅 베들레헴아 너는 유대 고을 중에서 가장 작지 아니하도다 네게서 한 다스리는 자가 나와서 내 백성 이스라엘의 목자가 되리라 하였음이니이다
7 이에 헤롯이 가만히 박사들을 불러 별이 나타난 때를 자세히 묻고
8 베들레헴으로 보내며 이르되 가서 아기에 대하여 자세히 알아보고 찾거든 내게 고하여 나도 가서 그에게 경배하게 하라
9 박사들이 왕의 말을 듣고 갈새 동방에서 보던 그 별이 문득 앞서 인도하여 가다가 아기 있는 곳 위에 머물러 서 있는지라
10 그들이 별을 보고 매우 크게 기뻐하고 기뻐하더라
11 집에 들어가 아기와 그의 어머니 마리아가 함께 있는 것을 보고 엎드려 아기께 경배하고 보배합을 열어 황금과 유향과 몰약을 예물로 드리니라

12 그들은 꿈에 헤롯에게로 돌아가지 말라 지시하심을 받아 다른 길로 고국에 돌아가니라
13 그들이 떠난 후에 주의 사자가 요셉에게 현몽하여 이르되 헤롯이 아기를 찾아 죽이려 하니 일어나 아기와 그의 어머니를 데리고 애굽으로 피하여 내가 네게 이르기까지 거기 있으라 하시니
14 요셉이 일어나서 밤에 아기와 그의 어머니를 데리고 애굽으로 떠나가
15 헤롯이 죽기까지 거기 있었으니 이는 주께서 선지자를 통하여 말씀하신 바 애굽으로부터 내 아들을 불렀다 함을 이루려 하심이라
16 이에 헤롯이 박사들에게 속은 줄 알고 심히 노하여 사람을 보내어 베들레헴과 그 모든 지경 안에 있는 사내아이를 박사들에게 자세히 알아본 그 때를 기준하여 두 살부터 그 아래로 다 죽이니
17 이에 선지자 예레미야를 통하여 말씀하신 바
18 라마에서 슬퍼하며 크게 통곡하는 소리가 들리니 라헬이 그 자식을 위하여 애곡하는 것이라 그가 자식이 없으므로 위로 받기를 거절하였도다 함이 이루어졌느니라

자신에 대한 평가는 대부분 두 종류로 나뉜다. 자신을 대단히 좋은 사람으로 과대평가하거나 자신을 형편없이 악한 사람으로 과소평가한다. 자신의 선행을 평가할 때 자신보다 덜 선한 행동을 한 사람들과 비교하며 자신의 선행이 대단하다고 평가한다. 또 자신의 악행을 평가할 때도 자신보다 더 악한 행동을 한 사람들과 비교하며 자신의 죄는 대단한 것이 아니라고 평가한다. 그래서 뉴스에 범죄자가 행한 악행이 나오면 그들을 정죄하며 자신은 절대로 저런 악행을 범하지 않을 것이라고 장담한다. 하지만 하나님의 은혜가 아니면 누구나 악행을 서슴지 않고 저지르는 사람이 될 수 있다.

유대의 왕이었던 헤롯은 예루살렘 성전과 성곽, 수로 등을 건설하는 큰일들을 해낼 만큼 매우 똑똑하고, 실력 있고, 정치적으로도 뛰어난 사람이었다. 그런 그에게도 자격지심이 있었다. 그는 로마가 임명한 유대의 왕이었지만, 사실 유대인이 아니었다. 그러니 유대인들은 유대인도 아니면서 유대의 왕으로 세워진 헤롯을 탐탁지 않게 여겼다. 헤롯 역시 유대인들의 불만과 불신을 잘 알고 있었다. 그래서 그는 자신의 권력과 입지를 다지기 위해서라면 물불 가리지 않았다. 자기 뜻을 거스르거나 반대하면 누구든지 처형을 감행했다. 그것이 아내와 자녀라도 마찬가지였다. 그에게는 10명의 아내가 있었고, 수십 명의 자녀가 있었지만, 그는 그 누구도 믿지 않았다. 결국 그 의심 때문에 아내도 죽였고,

자녀들도 죽였고, 자신을 반대하는 종교인들도 죽였다.

　예수님이 탄생하셨을 때, 그의 나이는 일흔 살이 넘었다. 그는 콩팥이 나빠져 통증 가운데 살았으나 자신의 권력을 지키기 위해서라면, 그 어떤 악행도 행하는 포악하고 잔혹한 군주였다. 이렇게 악명 높았던 헤롯이 가장 두려워하는 것이 있었다. 그것은 바로 새로운 유대 왕의 탄생이었다. 그러던 그는 어느 날 동방에서 찾아온 박사들에게 유대의 왕이 어디에 태어났냐는 질문을 받는다. 결국 예루살렘에서 8km 떨어진 곳에서 새로운 왕이 태어났다는 소식을 듣게 된다. 그야말로 마른하늘에 날벼락이자 아닌 밤중에 홍두깨 같은 소식이었다. 이 일로 예루살렘은 떠들썩해졌고 악한 헤롯 왕은 크게 당황했다.

　예수님의 탄생 이야기에 헤롯 왕을 비롯한 마리아, 요셉, 동방 박사, 목자 등 다양한 사람들이 등장한다. 모두가 예수님의 탄생을 기대하고 기뻐했지만 그중 헤롯만큼은 기뻐하지 않았다. 유대의 왕이었던 헤롯은 새로운 유대의 왕이 태어남으로 자신의 자리가 위태롭게 될 수 있다고 생각했다. 이런 염려는 자신에게 위협이 되는 예수님을 죽이려 하는 행동으로 이어졌다. 이런 헤롯의 악함은 많은 사람을 경악하게 한다. 그리고 우리는 헤롯과 아주 다르다고 생각한다. 그러나 자신이 헤롯의 모습과 얼마나 다르다고 말할 수 있을까?

1. 하나님을 이용하려 하지 말고 예배하라 (7~11절)

누구나 무엇인가를 예배하는 삶을 산다. 성도들은 하나님을 예배하지만, 예수님을 믿지 않는 사람들도 무언가를 끊임없이 예배한다. 돈을 예배하고, 인기를 예배하고, 성공을 예배한다. 또는 행복을 예배하고 평안을 예배하기도 한다. 이처럼 모든 사람은 전부 다 무엇인가를 섬기며 예배한다. 다만 그 섬김과 예배의 대상이 다를 뿐이다. 마치 동방박사들과 헤롯의 모습처럼 말이다. 동방박사들과 헤롯 왕 모두 예배했지만, 그들의 예배 대상은 달랐다.

 헤롯은 동방박사들에게 유대의 왕이 태어났다는 사실을 듣고 그들을 베들레헴에 보내며 한 가지 부탁을 한다. 메시아를 찾거든 자신도 경배하러 가려 하니 다시 돌아와 소식을 전해 달라고 말이다. 그러나 이는 진짜 경배하기 위해서가 아니었다. 자신의 자리를 위협하는 아기 예수를 죽이기 위해 했던 새빨간 거짓말이었다. 반면 동방박사는 베들레헴에 나신 예수님을 만나기 위해 조금도 머뭇거림이나 주저함 없이 곧바로 예수님께 경배드리러 길을 떠났다. 그리고 마침내 보게 된 아기 예수께 경배한다. 그들은 아기 예수님을 뵙고 전심으로 예배를 드렸다. 헤롯은 권력을 예배했고, 동방박사는 예수님을 예배했다. 헤롯에게는 예수님께 예배드릴 기회가 있었다. 예배는 동방박사들에게만 주어진 특권이 아니었다. 하지만 헤롯은 탐욕에 눈이 멀어 예배해야 할 대상을 보지 못함으로 예배드릴 기회를 놓치고 말았다.

신앙생활을 하는 사람들 가운데도 온전히 하나님을 예배하는 것이 아니라 자신의 안락함과 욕심을 위해 하는 사람들이 있다. 새벽기도도 드리고, 주일에 봉사도 하고, 말씀과 기도 생활을 하고 있지만 안타깝게도 "지성이면 감천이다."라는 마음가짐으로 믿음 생활을 하는 것이다. 가족들의 축복과 건강을 위해 예배하고 교회 일을 한다면, 다른 종교와 다를 것이 무엇인가? 만약 자신의 어떤 목적을 이루기 위해 예배하고 있다면, 헤롯과 별다르지 않다.

헤롯은 예수님께 예배하지 않고 동방박사들을 이용해 아기 예수님을 죽이고 자신의 왕위를 견고하게 지키고자 했다. 자신이 원하는 것을 성취하기 위해 동방박사를 이용했던 헤롯처럼, 우리의 삶의 모습에서 하나님을 이용해 자신의 목적을 이루려 하지는 않았는지 점검해야 한다. 예배는 자신의 욕심을 이루기 위한 수단이 아니다. 예수님을 온 마음 다해 경배했던 동방박사들처럼 온전한 경배로 하나님께 예배드려야 한다. 우리의 예배는 누구를 닮았는가?

2. 하나님을 대적하려 하지 말고 순종하라 (12~16절)

헤롯은 동방박사들을 베들레헴에 보내고 밤낮없이 그들의 소식을 기다렸다. 그러나 아무리 기다려 봐도 동방박사들의 소식은 들려오지 않았다. 헤롯은 동방박사들을 속여 보냈지만 그의 계획은 이루어지지 않았다. 그러나 그대로 멈출 리 없는 헤롯이었다. 결국 그는 끔찍한 일을 저지른다. 아무리 기다려도 동방박사들의 소식이 들려오지 않자, 베들레헴에 사는 두 살 미만의 남자아이들을 전부 죽이라고 명령했다. 그의 명령을 받은 군사들은 베들레헴으로 갔고, 모든 집을 다니며 두 살 미만의 남자아이들을 끌어내 부모들이 보는 앞에서 죽였다.

    동방박사들과 요셉과 마리아는 그의 이런 계획을 알 리 없었다. 하지만 하나님은 동방박사들에게 나타나셔서 헤롯에게 돌아가지 말고 곧장 고국으로 가도록 하셨다. 헤롯은 동방박사들을 속이려고 했으나, 하나님의 도우심으로 동방박사들은 그의 속임수에 넘어가지 않았다. 그들은 하나님 말씀에 순종해 고국으로 돌아갔다. 그리고 하나님은 요셉에게도 그의 사자를 보내어 아기와 아내를 데리고 애굽으로 피하라고 말씀하셨고, 그들은 그날 밤에 급히 애굽으로 떠났다. 결국 헤롯은 모든 남자아이를 다 죽였어도 예수님은 죽일 수 없었다. 그의 계획이 수포로 돌아간 것은 그의 계획이 치밀하지 않았기 때문이 아니다. 아무리 치밀한 계획이었더라도 절대 성공할 수 없는 일이었다. 하나님의 뜻과 계획을 누가 막을 수 있는가? 이미 헤롯의 계획을 알고 계셨던 하나님이 그 일에 먼저 개입하셔서 동방박사와 요셉과 마리아를 지키시고 그의 뜻을 이루셨다. 오히려 하나님의 예언은 헤롯 때문에 이루어졌다.

이처럼 순종하든 대적하든 하나님의 뜻은 반드시 이루어진다. 그 누구도 하나님의 권능과 능력을 거역할 수 없다. 하나님의 뜻에 순종하면 하나님이 주시는 축복을 경험하게 되지만, 하나님의 뜻에 대적하면 하나님이 주시는 축복을 잃게 된다. 하나님을 대적하려는 시도 자체가 어리석은 짓이다. 되지도 않을 일을 하려 하는 것이기 때문이다. 하나님께 대적하려는 어리석은 인생이 아닌 순종하고 따르는 지혜로운 인생이 되어야 한다.

3. 자신의 왕국이 아닌 하나님의 왕국을 만들라 (15상절)

헤롯은 오래 살기 위해 발버둥을 쳤고, 자신의 자리를 지키기 위해 모든 악행을 서슴지 않았다. 하지만 이 사건이 있고 난 후, 일 년이 안 되어 콩팥에 생긴 병으로 고통받았고 내장이 썩어 어떤 약도 들지 않아 고통 중에 죽었다.

    이스라엘의 역사를 보면, 헤롯은 죽기 전 예루살렘에 사는 중요한 사람들을 다 잡아들였다. 그리고 군사들에게 이해되지 않는 한 가지 명령을 내렸다. 자신이 죽으면 그들도 모두 죽이라는 명령이었다. 헤롯은 왜 이 같은 명령을 내렸을까? 헤롯은 자기 죽음을 슬퍼할 사람이 없다는 것을 이미 알았다. 심지어 잘 됐다고 기뻐할 이들도 많을 것임을 직감적으로 알아챘다. 그렇기에 통곡 소리가 나라에 가득하도록 이러한 끔찍한 계획을 한 것이다. 하지만 그가 죽자 군사들은 그들을 죽이지 않고 다 풀어 주었다.

헤롯은 자신의 나라를 건설하려다가 완전히 망한 사람이었다. 그리고 그는 하나님의 나라가 건설되는데 악한 일을 도모한 사람으로 영원히 남게 된다. 그는 당대의 엄청난 힘과 권력을 자랑하던 자로 무소불위(無所不爲)의 권력을 쥐고 휘둘렀지만, 정작 자기 죽음을 슬퍼해 줄 사람 한 명 없는 불쌍한 인생이었다. 그는 영원하지 않을 것들을 바벨탑처럼 쌓아가며 스스로 성공한 인생이라고 자부했을지 모르지만, 죽을 때 누구 하나 슬퍼해 줄 사람 없는 처량하고 망한 사람이었다.

누구도 이런 헤롯의 어리석음을 닮고 싶어 하지 않지만, 여전히 헤롯처럼 자신의 바벨탑을 쌓고 자신의 왕국을 만들기 위해 사는 이들이 적잖다. 그런 자들에게 예수님은 "그런즉 너희는 먼저 그의 나라와 그의 의를 구하라… (마6:33)"라고 말씀하신다. 그런데도 많은 사람이 헤롯과 같이 하나님의 나라를 세우기보다는 자신의 나라를 세우는데 더 관심을 둔다. 크고 좋은 집을 장만하고, 돈을 잘 벌고, 퇴직금을 많이 저축하고, 장수하고, 자녀들이 성공하는 것에 몰두한다. 물론 이런 것들이 꼭 잘못된 것은 아니지만, 하나님의 나라를 만들어 가는 것과 관계가 없다면 그것은 바로 자신의 나라를 만들어 가는 것이다. 그런데도 예수님을 구세주로 믿는다는 사람들이 예수님의 나라를 세우는 것에는 관심이 없고, 자신의 나라를 만드는 것에만 관심이 많다. 교회의 직분자들도 마찬가지이다. 성전을 예수님의 교회로 만들기보다는 자신들의 교회로 만들려고 한다. 하지만 이렇게 자신의 왕국을 만들려고 한다면, 헤롯과 같이 망하게 된다. 이와 반대로 하나님의 왕국을 만들어 간다면 하나님께 쓰임 받은 사람들이 될 것이다.

어떤 사람이 헤롯에게 그가 죽기 직전 이 사실을 알려 주었다고 생각해 보자. "헤롯 왕이여, 제가 좋은 소식 하나와 나쁜 소식 하나를 말해 드리겠습니다. 좋은 소식은 당신이 죽고 2천 년이 지나도 전 세계의 사람들이 당신에 대해 이야기할 것입니다. 그러나 나쁜 소식은 당신은 구세주로 오신 메시아를 죽이기 위해 어린아이들을 몰살시킨 악한 살인자로 기억될 것입니다."

예수님은 이 세상의 빛으로 이 세상에 오셨고, 그 어떤 어두움도 예수님을 이길 수 없었다. 헤롯 왕도 세상의 빛으로 오신 예수님을 없앨 수 없었다. 그리스도인들은 예수님의 빛을 받은 사람들로 예수님의 빛을 이웃을 향해 발해야 한다. 그러므로 이 세상을 떠난 후, 어떤 사람으로 기억될 것인지 생각해 봐야 한다. 하나님께 예배를 드린 사람으로 기억될 것인가? 아니면 하나님을 이용하려고 했던 사람으로 기억될 것인가? 하나님께 순종한 사람으로 기억될 것인가? 아니면 하나님을 대적한 사람으로 기억될 것인가? 자신의 왕국을 만들려던 사람으로 기억될 것인가? 아니면 하나님의 왕국을 만들려고 노력한 사람으로 기억될 것인가?

모두에게는 헤롯과 같은 기질이 있다. 그러나 더는 헤롯 왕과 같은 사람과 자신을 비교하며 자신의 선행을 과대평가하고, 자신의 악행을 과소평가해서는 안 된다. 그 대신, 자신을 예수님과 비교해야 한다. 그러면 하나님의 은혜가 없이는 헤롯과 같이 엄청난 죄를 범하는 사람이 될 수 있음을 깨닫게 될 것이다. 끊임없이 예수님께 예배하고, 순종하고, 그의 나라를 이루기 위해 살아야 한다. 그럴 때 비로소 나 자신을 바로 알게 되고, 나의 힘과 능력이 어디에서 오는지도 알 수 있다. 그런 인생이 참으로 복된 삶이다.

하나님의 나라를 만들어 가는 것과

관계가 없다면

그것은 바로

자신의 나라를 만들어 가는 것이다

5장
누가의 이야기

―――― 누가복음 1:1~4 ――――

1 우리 중에 이루어진 사실에 대하여
2 처음부터 목격자와 말씀의 일꾼 된 자들이 전하여 준 그대로 내력을 저술하려고 붓을 든 사람이 많은지라
3 그 모든 일을 근원부터 자세히 미루어 살핀 나도 데오빌로 각하에게 차례대로 써 보내는 것이 좋은 줄 알았노니
4 이는 각하가 알고 있는 바를 더 확실하게 하려 함이로라

몇 해 전, 미국 뉴저지 링컨 터널에 거대한 현수막이 붙여졌다. 그 현수막에는 "성탄절은 신화다. 이번 시즌에는 합리적인 생각을 추구하자! (You KNOW it's a myth. This season, celebrate REASON!)"라고 쓰여 있었다. 이 현수막은 미국 무신론자 연합회에서 붙인 것이었다. 그런데 얼마 뒤, 이 현수막 옆에 다른 현수막이 달렸다. 앞서 붙인 현수막에 반론하듯이 "성탄절은 사실이다. 이번 시즌에는 예수님을 축하하자! (You KNOW it's real. This season, celebrate Jesus!)"라고 쓰여 있었다. 웃지 못할 일화다. 그러나 이러한 크고 작은 논쟁은 오늘날의 이야기만은 아니다. 과거부터 계속됐던 논쟁이다.

예수님이 구세주라고 믿지 않는 사람들은 예수님이 2천 년 전에 베들레헴에 태어나셨다는 증거들을 요구한다. 그러나 성경은 이미 이것에 대한 증거를 기록해 놓았다. 그리고 누가는 이런 질문에 대해 자신의 복음서에 기록했다. 그렇다면 2천 년 전 베들레헴에 예수님이 태어났다는 이야기가 역사상 일어난 사건임을 어떻게 확신할 수 있나?

1. 이루어진 사실들을 점검해 보라 (1절)

누가복음은 예수님에 대해 처음부터 자세히 기록한 책이다. 누가복음의 저자인 누가는 메시아가 오실 것을 기다리던 유대인이 아니었다. 그는 이방인 의사로 예수님에 대해 전해 듣고, 예수님의 제자가 된 사람이었다. 이 복음서를 전해 받은 데오빌로는 누가와 마찬가지로 이방인이었다. 그도 예수님에 대해 전해 듣고, 그리스도인이 된 사람이었다. 그러나 데오빌로는 예수님을 믿었지만, 예수님이 하신 일에 대해 자세히 알지 못했다. 그래서 누가는 그에게 예수님이 하신 일을 전해주기 위해 예수님이 하신 일들을 기록한 것이다.

누가는 그의 이야기를 기록할 때 "옛날 옛적에 어느 나라에 한 사람이 태어났다."라고 시작하지 않았다. 누가는 "우리 중에 이루어진 사실에 대해 기록한다."라는 문장을 통해 분명한 사실들을 기록했다는 점을 명확하게 밝혔다. 즉 자신이 기록한 것이 신화가 아님을 말했다는 얘기다. 또 누가는 자신이 기록한 사실들이 이미 구약에서 예언되었던 일이라는 점과 그 예언들이 예수님을 통해 이루어졌다고 기록했다. 구약에 예언된 장차 오실 메시아에 대한 예언들은 100% 정확하게 예수님 안에서 이루어졌다. 이것이 바로 예수님이 인간을 죄에서 구원하시기 위해 이 땅에 오신 메시아임을 믿는 첫 번째 증거이다.

구약에는 메시아에 대한 예언이 기록돼 있다. 성경학자들은 구약에 메시아에 대한 예언이 61가지 이상 기록돼 있다고 말한다. 물론 이 예언 중에는 예수님 자신이 원해서 이룰 수 있는 사건들도 있었다. 그러나 이 예언 중에 대부분은 자신의 의지로 이룰 수 없는 사건들이었다.

그 예로, 미가서 5장 2절에 메시아가 베들레헴에서 탄생할 것이라고 예언돼 있다. 그리고 이 예언은 마태복음 2장 1절에 요셉과 마리아가 인구조사로 인해 베들레헴에 감으로 이루어졌다. 스가랴 11장 12절에는 메시아가 은 30냥에 팔릴 것이라고 예언돼 있다. 그리고 이 예언은 마태복음 26장 15절에 유다가 예수님을 은 30냥에 팖으로 이루어졌다. 또 시편 22장 16절은 메시아가 손과 발이 찔릴 것이라고 예언돼 있다. 그리고 이 예언은 누가복음 23장 33절에 예수님이 십자가에 달리심으로 이루어졌다. 이처럼 성경에 기록된 예언들은 정확하게 이루어졌다. 구약에 예언된 장차 오실 메시아에 대한 예언들은 예수님을 통해 모두 이루어졌다. 이것이 예수님이 인간들을 죄에서부터 구원해 주시기 위해 오신 메시아인 것을 증명해 주는 것이다.

　예수님을 통해 이루어진 예언의 사실성을 점검할 때, 예수님께서 구세주임을 깨닫고 믿게 된다. 아직도 예수님에 대한 확신이 없다면, 구약에 예언된 메시아에 대한 예언을 공부해 봐야 한다. 그러면 예수님께서 이 예언을 이루신 구세주이심을 깨달을 수 있게 될 것이다. 이렇게 이루어진 사실을 살펴보면 예수님의 사건이 사실임을 알게 된다.

2. 성경을 기록한 사람들의 증언을 살펴보라 (2~3절)

신약에는 마태복음, 요한복음, 마가복음, 누가복음이 있는데 이를 4복음서라고 한다. 신약의 4복음서는 각각 마태, 마가, 누가, 요한이 기록했다. 이들은 각자 기록한 방법이 달랐다. 먼저 마태와 요한은 자신이 직접 보고 경험한 것을 기록했다. 반면 마가와 누가는 다른 사람들을 통해 들은 바를 자세히 살펴 기록했다.

그중 누가는 그의 복음서를 써서 데오빌로에게 보냈다. 데오빌로가 예수님에 관해 들었던 여러 사실을 자세히 살펴 일어난 일들을 순서대로 적어 보냈다. 누군가가 시켰던 일도 아니었지만, 누가는 데오빌로에게 그가 들었던 내용이 사실임을 알려주고 싶었기에 이 일을 했다. 그 당시 예수님이 한 일을 처음부터 목격하고, 예수님의 말씀을 직접 들은 사람들이 전한 말을 기록하려고 붓을 든 사람들이 많았다. 개중에는 진실이 아닌 거짓된 이야기들도 있었을 것이다. 그래서 누가는 자신이 기록한 내용은 떠돌아다니는 소문을 기록한 것이 아님을 말했다. 그는 실제로 모든 일의 근원부터 자세히 살펴보고 복음서를 기록했다. '살펴보다'의 낱말을 찾아보면 '두루 찾아보다', '자세히 따져 생각하다'라는 사전적 의미가 있다. 그는 아무거나 무조건 기록하지 않았다. 모든 일을 근원부터 자세히 미루어 살핀 후 사실인 내용을 차례대로 써서 보냈다는 사실이다.

이처럼 성경을 기록한 모든 사람은 함부로 예수님에 대해 기록하지 않았다. 누가와 같이 사실만 기록했다. 또한 이들은 자기 생각이 아닌 하나님께서 주신 말씀을 기록했다. 그러므로 성경을 기록한 저자들의 증언을 살펴봄으로 예수님의 사건이 진실임을 알게 된다. 요즘에도 많은 사람이 예수님을 만나게 된 경위를 말하는 간증을 한다. 예수님 없이 목적이 없는 삶을 살다가 예수님 안에서 변화된 삶을 살고 있다고 말한다. 예수님의 인도하심을 경험해 봤고, 병 고침을 경험해 봤고, 사용하심을 경험해 보았다고 간증한다. 다른 사람들의 증언을 자세히 살펴보면, 예수님께서는 2천 년 전에 베들레헴에 태어나시고 인간들의 죄를 위해 돌아가시고 부활하셔서 오늘날에도 모든 사람 가운데 역사하심을 믿게 될 것이다. 성경 말씀에는 능력이 있다. 그래서 사람들은 성경을 통해 변화를 받았다고 증언한다.

　한 남자가 목사님에게 성경을 더는 읽지 않겠다고 말했다. 그 이유를 묻자 아무리 성경을 읽어도 기억을 못 하기 때문이라고 말했다. 그 목사님은 그에게 "그래도 계속 읽으세요. 도움이 될 것입니다."라고 말했다. 하지만 그 남자는 "아니요, 기억할 수가 없는데 왜 읽어야 합니까?"라고 말했다. 며칠이 지나 그 목사님은 그가 아무것도 하지 않는 것을 보고 집에서 대나무 바구니를 꺼내 와서 "가서 물을 10분 동안 받아서 와 주세요."라고 부탁했다. 그러자 그는 "목사님, 죄송하지만 바구니에 구멍이 많습니다. 물이 흘러나갈 것입니다"라고 말했다. 그 목사님은 "그래도 그렇게 해주세요."라고 부탁했다. 그 남자는 가서 그것을 물속에 10분 동안 넣었다가 돌아와서 말했다. "보세요, 다 흘러나갔습니다."

그러자 그 목사님은 "예, 하지만 아까보다는 훨씬 더 깨끗해지지 않았습니까?"라고 물었다. 이것이 하나님의 말씀인 성경이 우리를 통과할 때 일어나는 일이다. 성경을 통해 하나님의 능력이 나타나 읽는 사람들에게 변화를 가져다준다. 성경이 사실이 아니라면 이런 변화는 일어날 수 없다.

오늘날 성도들은 다른 사람의 말을 무조건 믿는 것이 아니라 자세히 살펴보고 믿어야 한다. 특히 요즘에는 인터넷의 발달로 시공간의 제약 없이 편리하게 설교를 들을 수 있다. 과거에는 상상할 수도 없었지만, 지금은 언제 어디서나 클릭 한 번으로 다른 나라에 있는 목사님의 설교도 문제없이 들을 수 있다. 이처럼 오늘날의 성도들은 말씀의 홍수 속에 살아간다. 그만큼 거짓된 말씀과 간증도 넘쳐난다. 그러므로 말씀을 분별하여 듣는 것이 중요하다. 분별하여 듣기 위해서는 성경을 바로 알아야 한다. 성경에 증언된 내용을 깊이 알고 분별하여 거짓에 휘둘리지 않고 바르게 세워져야 한다. 성경을 기록한 사람들의 증언을 살펴보면 기록된 예수님에 대한 증언이 사실임을 알게 된다.

3. 다른 사람들이 확실한 신앙을 갖도록 도우라 (4절)

누가는 이방인이었지만 예수님의 탄생과 죽음과 부활을 목격한 사람들의 증언을 직접 듣고 그들의 말을 믿었다. 그는 예수님께서 인간들의 죄를 대속해 주시기 위해 오신 메시아이심을 믿었다. 데오빌로도 예수님에 대해 이미 알고 있었다. 그런데도 누가는 예수님을 직접 목격한 사람들이 증언한 것을 모아 그의 복음서를 기록해 그에게 전해 주었다. 그 이유는 데오빌로로 하여금 그가 믿는 것을 더욱 확실히 믿게 하기 위해서였다. 그래서 이 복음서를 통해 데오빌로는 더 확실한 신앙을 가질 수 있게 됐다.

기독교는 아무 근거가 없는 것을 믿는 종교가 아니다. 기독교는 역사적 사실에 근거한 종교이며 다른 종교들처럼 특정 사람의 가르침에만 근거하지 않았다. 기독교는 실제로 일어난 역사적 사건인 예수님의 탄생을 근거로 시작됐다. 예수님을 믿는 모든 그리스도인도 예수님에 대한 예언이 이루어졌음을 알고, 성경의 증언과 다른 사람들의 증언을 들어야 한다. 이런 과정을 통해 믿음에 대해 확신을 해야 한다. 그리고 믿음에 대해 다른 사람들도 확신할 수 있도록 전해야 한다.

여호와의 증인들이 집에 올 때가 있다. 그러면 필자는 그들을 집 안으로 들어오라고 청한다. 그리고 그들에게 구약에 예언된 메시아에 대한 예언을 예수님께서 어떻게 이루셨는지 자세히 증명해 준다. 또 예수님께서 나의 삶 가운데 어떻게 역사하시는지 간증해 준다. 어떤 사람들은 매우 관심 있게 듣는다. 그중에 한 사람이 이렇게 말한 적이 있다. 그는 오랫동안 교회에 다녔지만 여호와의 증인이 되었다. 그는 지금까지 구약이 예수님에 대해 예언해 준 것이라고 말하는 것을 들어 본 경험이 없다고 했다.

이처럼 많은 그리스도인이 예수님이 메시아인 것은 믿는데 그것을 잘 설명하지는 못한다. 예수님이 구약에 예언된 말씀들을 어떻게 이루셨는지, 신약에서 예수님에 대해 무엇이라고 말하고 있는지 잘 모른다. 그러니까 자신의 신앙에도 확신이 부족하고, 다른 사람들에게 자신의 신앙을 확실하게 전하지 못한다. 오히려 전도하려고 하면 겁이 난다. 하지만 예수님의 제자들은 먼저 확실한 믿음을 갖고, 또한 다른 사람들이 확실한 신앙을 갖도록 도울 수 있어야 한다.

크리스마스 시즌에는 온 거리가 축제 분위기다. 바깥에 나가면 휘황찬란한 불빛이 켜지고 온 거리는 크리스마스 캐럴로 가득하다. 성탄절은 크리스마스의 진정한 의미도 모른 채 즐기는 이들에게 예수님에 대해 질문할 기회를 준다. "2천 년 전 구유에 있던 아기가 우리에게 어떤 의미가 있습니까?"라고 말이다.

크리스마스는 이 땅에 오신 그리스도 때문에 존재하는 날이다. '크리스마스(Christmas)' 안에는 '크라이스트(Christ)'라는 단어가 들어 있다. 크리스마스(Christmas)는 산타-마스(Santa-mas)가 아니다. 산타 할아버지는 인간들에게 영생의 소망을 가져다줄 수 없다. 크리스마스는 쇼핑-마스(shopping-mas)도 아니다. 아무리 쇼핑을 많이 해서 수많은 물건을 사서 가져도 마음속에 있는 공허함은 채워지지 않는다. 크리스마스는 패밀리-마스(Family-mas)도 아니다. 가족들도 마음속에 있는 깊은 문제를 해결해 주지 못한다. 크라이스트(Christ)가 없이는 크리스마스(Christmas)를 바로 맞을 수 없다.

예수님의 성탄절 이야기는 신화가 아니다. 성탄절은 메시아이신 예수님 때문에 존재한다. 이런 확고한 신앙을 갖고, 이 기쁜 소식을 주위 사람들에게 전해주며 성탄절을 맞이해야 한다.

6장
사가랴의 이야기

―――― 누가복음 1:5~17 ――――

5 유대 왕 헤롯 때에 아비야 반열에 제사장 한 사람이 있었으니 이름은 사가랴요 그의 아내는 아론의 자손이니 이름은 엘리사벳이라
6 이 두 사람이 하나님 앞에 의인이니 주의 모든 계명과 규례대로 흠이 없이 행하더라
7 엘리사벳이 잉태를 못하므로 그들에게 자식이 없고 두 사람의 나이가 많더라
8 마침 사가랴가 그 반열의 차례대로 하나님 앞에서 제사장의 직무를 행할새
9 제사장의 전례를 따라 제비를 뽑아 주의 성전에 들어가 분향하고
10 모든 백성은 그 분향하는 시간에 밖에서 기도하더니
11 주의 사자가 그에게 나타나 향단 우편에 선지라
12 사가랴가 보고 놀라며 무서워하니
13 천사가 그에게 이르되 사가랴여 무서워하지 말라 너의 간구함이 들린지라 네 아내 엘리사벳이 네게 아들을 낳아 주리니 그 이름을 요한이라 하라
14 너도 기뻐하고 즐거워할 것이요 많은 사람도 그의 태어남을 기뻐하리니

15 이는 그가 주 앞에 큰 자가 되며 포도주나 독한 술을 마시지 아니하며 모태로부터 성령의 충만함을 받아
16 이스라엘 자손을 주 곧 그들의 하나님께로 많이 돌아오게 하겠음이라
17 그가 또 엘리야의 심령과 능력으로 주 앞에 먼저 와서 아버지의 마음을 자식에게, 거스르는 자를 의인의 슬기에 돌아오게 하고 주를 위하여 세운 백성을 준비하리라

사람들은 사회 공동체 안에서 수많은 약속을 맺으며 산다. 이러한 약속은 개인과의 약속일 수도 있고, 매일의 일상에서 교통법규나 규범과 같은 사회와의 약속일 수도 있다. 이렇게 우리의 일상은 크고 작은 약속들로 가득하다. 그러나 이러한 약속은 종종 깨지기도 한다. 아무리 중요한 약속이었다고 하더라도 불가피한 상황으로 약속을 깨야 할 때도 있고, 실수로 약속을 어길 수도 있다. 물론 지켜야 하는 약속인 걸 알지만 일부러 어기는 사람도 있다. 이처럼 사람의 약속은 지켜질 때도 있지만 깨질 때도 있다. 그러나 하나님의 약속은 영원하며 그 약속을 반드시 이루신다.

하나님은 아담이 선악과를 따먹음으로 인류가 타락했을 때, 인류를 구원할 메시아를 보내줄 것을 약속하셨다. 그리고 믿음의 자손 아브라함과 그의 후손인 이삭과 야곱 그리고 다윗에게도 같은 약속을 주셨다. 이 약속을 기억하고 믿었던 이스라엘 사람들은 성탄을 고대했다. 메시아가 오실 것을 의심하지 않고 믿었기에 그들은 말씀이 이루어지기를 기다렸다. 그리고 메시아가 오실 날을 기다리며 그날을 위해 준비된 삶을 살았다.

그러나 하나님의 약속은 속히 이루어지지 않았다. 예수님이 오시기까지 오랜 시간이 걸렸다. 하나님의 약속이 더디 이루어지는 사이에 어떤 이들은 약속을 잊었고 어떤 사람들은 약속을 저버렸다. 물론 그중에는 끝까지 하나님의 말씀이 이루어질 것을 믿고 기다린 사람도 있었다.

하나님의 약속이 더디 이뤄질 때, 우리는 어느 쪽을 선택할까? 응답이 더디고 하나님의 약속이 희미해질 때, 대부분 하나님의 약속을 쉽게 의심한다. 하지만 나의 삶 가운데 역사하시는 하나님이 잘 보이지 않고 하나님의 약속이 성취되고 있지 않다고 여겨지는 그 순간에도 하나님은 일하고 계시며 그의 일을 이루시는 중이다. 그러므로 사람의 생각으로는 하나님의 계획이 다 이해되지 않는 순간에도 우리는 하나님을 신뢰함으로 하나님의 약속을 끝까지 붙드는 태도를 가져야 한다.

2천 년 전 이스라엘에도 하나님의 약속을 믿고 살던 사람들이 있었다. 그들은 매일 메시아가 오실 날을 준비하는 삶을 살았다. 이들은 오늘이 바로 그날일지 모른다는 기대감으로 매일 메시아를 기다리며 살았다. 이런 삶을 산 사람들 중에 사가랴와 엘리사벳이 있었다. 예수님의 초림을 기다리며 살던 사가랴와 엘리사벳의 이야기는 예수님의 재림을 기다리며 사는 우리에게 중요한 진리들을 가르쳐 준다.

1. 예수님을 기다리며 의로운 삶을 살라 (5~6절)

제사장인 사가랴와 그의 아내 엘리사벳은 둘 다 제사장의 후손이었다. 그들의 아버지와 할아버지, 증조할아버지까지 대대로 제사장을 지내온 제사장 집안이다. 사가랴와 엘리사벳은 성경에 기록된 대로 주의 모든 계명과 규례대로 흠이 없이 행했던 당대의 의인들이었다. 이들은 하나님의 계명과 규례를 알고 따랐을 뿐만 아니라 최선을 다해 말씀을 행하는 삶을 살았다. 그들은 제사장 집안이기 때문에 체면을 지키기 위해서 의로운 척을 한다거나 제사장이기 때문에 직분에 맞게 행하려 하지 않았다. 사가랴와 엘리사벳은 메시아를 보내준다는 하나님의 약속을 믿었기에 오늘이라도 메시아가 오실 것처럼 행동했다. 하나님은 구약의 마지막 선지자였던 말라기를 통해 약속을 주시고, 그 후 400여 년이 흐르는 동안 아무런 말씀도 없으셨다. 이러한 상황 속에서 사가랴와 엘리사벳이 하나님의 약속을 믿고 매일매일 준비된 삶을 살았다는 사실은 대단한 믿음의 모습을 보여준 예이다. 그들은 오랜 시간 하나님의 약속을 잊지도 않고 의심하지 않으며 흠이 없는 의인의 삶을 살아냈다.

2천 년 전 하나님은 이 땅에 온 세상을 구원할 구세주를 보내주셨다. 그리고 예수님은 베들레헴에 태어나 인간들의 죄를 사해주시기 위해 십자가에 달려 돌아가셨다. 그러므로 우리는 이제 더는 메시아의 초림을 기다리지 않는다. 예수님은 부활하신 후 그의 제자들에게 다시 오실 것을 약속하셨다. 그러므로 예수님의 초림을 믿는 그리스도인들은 이제 예수님의 재림을 고대하며 의로운 삶을 살아야 한다. 매일 의로운 삶을 사는 사람들은 예수님이 언제 재림하셔도 준비가 되어 있다. 그러나 매일 이렇게 의로운 삶을 살지 못하는 사람들은 예수님의 재림을 기다리지도 않고, 예수님이 재림하실 것에 대해 오히려 두려워한다.

예수님 재림의 약속은 지난 2천 년 동안 이루어지지 않았지만 그리스도인은 이 약속이 이루어질 것을 믿으며 살아야 한다. 또한 예수님의 재림을 기다리며 계속해서 의로운 삶을 살아야 한다.

2. 예수님을 기다리며 소망을 잃지 말라 (7~13절)

사가랴와 엘리사벳은 의로운 삶을 살았지만, 이들에게는 자식이 없었다. 요즘에는 딩크(DINK/Double Income No Kids)족이라고 해서 아이가 없는 가정을 흔히 볼 수 있고, 이것을 흠이라고 여기지는 않는다. 그러나 사가랴와 엘리사벳이 살던 당시 사회적 분위기는 자식이 없는 것은 큰 수치였다. 누구보다 의로운 삶을 살았던 그들의 마음은 어땠을까? 복은커녕 수치라도 면하고 싶었을지도 모른다.

이들은 언젠가 자식을 주실 거라는 기대로 하루 이틀 보내지만, 그들에게는 자식이 생기지 않았다. 소망을 품고 기다려도 시간만 지날 뿐이었다. 그러는 사이에 주변의 사람들은 자식을 하나둘씩 낳아 기르고 있었고, 어느덧 자식이 생길 거라는 기대마저도 가질 수 없는 나이에 이르게 됐다.

사가랴와 엘리사벳은 낙심되는 상황에서도 하나님을 원망하거나 불평, 불만하지 않았다. 언제나 그랬듯 매일 하나님의 계명을 지키고, 선을 지켜 행했을 뿐이었다. 그러던 어느 날, 사가랴는 성전에 들어가 분향하는 일을 맡게 되었다. '마침' 사가랴가 그 반열의 차례대로 하나님 앞에서 제사장의 직무를 행하게 된 것이다. 이것은 결코 우연이 아니고 하나님의 섭리였다. 이것은 실수로 운이 좋아서 생긴 일이 아닌, 역사를 주관하시는 하나님께서 하신 것이다. 사가랴는 그 직분을 감당하기 위해 성전에 들어갔다. 그때 그의 앞에 천사 가브리엘이 나타나 "엘리사벳이 아들을 낳을 것이니 그 이름을 요한이라 하라."라고 말했다. 사가랴와 엘리사벳이 이제는 나이가 많아 자식을 가질 수 없게 되었다고 생각했을 때 하나님은 뜻밖의 응답을 주셨다. 하나님은 그들의 기도를 듣고 계셨고, 그들의 기도를 응답할 가장 좋은 때를 기다리고 계셨던 것이다.

하나님께서 조용히 계신다고 하나님께 버림받은 것이 아니다. 우리 삶에 하나님의 역사하심과 일하심이 느껴지지 않는 그 순간에도 하나님은 그 누구보다 성실하게 우리를 위해 일하고 계신다. 가장 좋은 계획을 갖고 계시고, 가장 좋은 때에 그 계획을 이루실 것이다. 사가랴와 엘리사벳처럼 하나님을 기대하고 소망하며 매일 말씀을 지켜 행할 때, 가장 좋은 때에 가장 좋은 방법으로 하나님의 일이 이루어지는 것을 보게 될 것이다. 그러므로 예수님의 재림을 기다리는 사람들은 아무리 어려운 일을 당해도 소망을 잃지 말아야 한다.

3. 예수님을 기다리며 기대하지 못하는 것들을 기대하라 (14~17절)

천사는 사가랴와 엘리사벳에게 아들의 이름을 요한이라고 지으라고 말했다. 이 당시 요한이라는 이름은 흔한 이름이었다. 하지만 그 아이는 평범한 사람이 아닌 엘리야의 심령과 능력으로 메시아 앞에 먼저 와서 그의 오심을 준비하는 사람이 될 것임을 말했다. 사가랴와 엘리사벳은 아이를 갖게 된 것만으로 감사하고 만족했지만, 하나님은 이들의 자녀에게 하나님의 특별한 사명을 맡겨 주시기까지 했다. 그리고 사가랴와 엘리사벳에게서 태어날 요한이 바로 예수님이 오시는 길을 준비한 세례 요한이다.

이 당시 이스라엘의 많은 사람은 하나님을 저버리고 세상의 것들에 빠져 살고 있었다. 400년 동안이나 메시아를 보내겠다는 하나님의 약속이 이루어지지 않았다. 그러나 하나님은 하나님의 약속을 이뤄가기 위해 준비하고 계셨다. 마침내 하나님의 약속이 이루어질 때가 되자 하나님은 세례 요한을 통해 메시아를 맞을 준비를 하게 하셨다. 그는 사람들에게 회개를 촉구하고, 세례를 주고, 메시아가 오실 것을 준비하는 사명을 갖고 이 세상에 태어났다. 사가랴와 엘리사벳은 평범한 아기만을 바랐지만, 하나님께서는 그들이 상상하지도 못할 엄청난 일을 계획하고 계셨다는 사실이다.

그렇다. 하나님의 계획은 인간들의 계획보다 훨씬 더 크다. 인간은 하나를 이루기 위해 기도하고 준비하지만, 하나님께서는 열

개, 백 개를 이루기 위한 계획을 갖고 계신다. 그래서 항상 기대하지도 못한 것을 기대해야 한다. 하나님께서 일하실 때는 생각지도 못한 것이 이루어질 것을 믿어야 한다. 하나를 위해 기도해도 열 개, 백 개를 이루실 것을 믿어야 한다.

필자는 열일곱 살 때 미국에 이민을 와서 한국어도 잘 못 하고 영어도 잘 못 한다. 그런데 어느 날 하나님께서 기도 중에 책을 쓰라는 확신을 주셨다. 책을 써서 목사님들이 설교를 준비하는 것을 돕고, 성도들이 변화된 삶을 살도록 도우라고 말씀하셨다. 하지만 어떻게 책을 써야 할지 알지 못했다. 원고를 써도 어느 출판사가 책을 출판해 주며, 누가 책을 사서 읽을지 몰랐다. 하지만 그 말씀에 순종해 원고를 썼다. 하나님의 은혜로 두 권의 책을 출판하게 되었다. 그 후 하나님께 기도했다. "하나님, 제 삶이 끝나기 전에 열 권의 책을 써서 남기게 해주세요." 몇 년이 지난 지금 이미 아홉 권의 책을 출판했다. 세웠던 목표를 수정해야 할 것 같다. 한 권의 책을 출판하는 것도 불가능해 보였는데 하나님께서는 더 큰 목표를 이루도록 역사해 주신 것이다. 하나님은 인간들의 생각보다 더 크게 역사하신다. 평범한 아들을 얻기 위해 기도하면 세례 요한을 주신 것처럼, 예수님의 재림을 기다리는 믿음의 사람들은 기대하지도 못한 것들을 기대하며 살아야 한다.

사가랴와 엘리사벳은 하나님의 응답이 더디고 자신들의 바람이 이루어지지 않는 그 순간에도 메시아가 오실 것을 소망하며 의로운 삶을 살지 않았는가? 하나님은 언제나 하나님의 자녀들을 위해 졸지도, 주무시지도 않고 일하신다. 그러므로 모두가 소망하고 기다려야 할 것은 세상에 헛된 것이 아니라 바로 오직 예수 그리스도뿐이다. 더 나아가 예수님의 재림을 기다리는 우리는 의로운 삶을 살며, 하나님을 날마다 소망하며, 기대하지 못할 엄청난 것을 기대하며 살아야 한다.

7장
마리아의 이야기

―― 누가복음 1:26~38 ――

26 여섯째 달에 천사 가브리엘이 하나님의 보내심을 받아 갈릴리 나사렛이란 동네에 가서
27 다윗의 자손 요셉이라 하는 사람과 약혼한 처녀에게 이르니 그 처녀의 이름은 마리아라
28 그에게 들어가 이르되 은혜를 받은 자여 평안할지어다 주께서 너와 함께 하시도다 하니
29 처녀가 그 말을 듣고 놀라 이런 인사가 어찌함인가 생각하매
30 천사가 이르되 마리아여 무서워하지 말라 네가 하나님께 은혜를 입었느니라
31 보라 네가 잉태하여 아들을 낳으리니 그 이름을 예수라 하라
32 그가 큰 자가 되고 지극히 높으신 이의 아들이라 일컬어질 것이요 주 하나님께서 그 조상 다윗의 왕위를 그에게 주시리니
33 영원히 야곱의 집을 왕으로 다스리실 것이며 그 나라가 무궁하리라
34 마리아가 천사에게 말하되 나는 남자를 알지 못하니 어찌 이 일이 있으리이까
35 천사가 대답하여 이르되 성령이 네게 임하시고 지극히 높으신 이의 능력이 너를 덮으시리니 이러므로 나실 바 거룩한 이는 하나님의 아들이라 일컬어지리라

36 보라 네 친족 엘리사벳도 늙어서 아들을 배었느니라 본래 임신하지 못한다고 알려진 이가 이미 여섯 달이 되었나니
37 대저 하나님의 모든 말씀은 능하지 못하심이 없느니라
38 마리아가 이르되 주의 여종이오니 말씀대로 내게 이루어지이다 하매 천사가 떠나가니라

케이팝의 대표 아이돌로 꼽히는 BTS(방탄소년단)의 인기는 세계적이다. BTS를 보기 위해서라면 전 세계 팬들이 몰려드는 것은 물론이고, 그들의 콘서트 티켓을 사기 위해 며칠 밤을 새운다. 신드롬적인 그들의 인기는 음악 시장에 큰 영향을 끼치며 전례 없는 기록을 세우고 있다. 그러나 이들처럼 큰 사랑과 인기를 얻었던 유명인도 시대가 바뀌고 세월이 지나다 보면 사람들의 기억 속에서 희미해져 간다.

그런데 시대가 바뀌어도 기억되는 한 사람이 있다. 바로 마리아다. 예수님의 어머니로 알려진 마리아는 종교를 불문하고 2천 년이라는 시간이 지나도록 많은 사람에게 회자되고 기억된다. 마리아는 명망 있는 인물이거나 뛰어난 외모로 주목받는 유명인이 아니었다. 그녀는 '마리아'라는 흔한 이름만큼이나 평범한 사람이었다. 마을 밖의 사람들은 마리아가 누구인지조차 모를 만큼 조용하고 알려지지 않았었다. 하지만 그녀는 세월이 지난 지금까지 기억되는 사람이 되었다.

호랑이는 죽어서 가죽을 남기고, 사람은 죽어서 이름을 남긴다는 속담이 있다. 이 말처럼 살아 있을 때 좋은 일을 많이 하거나 세상에 도움이 되는 업적을 남기면, 사람들의 머리에 오랫동안 그 이름이 기억되곤 한다. 그러나 마리아는 세상에 기억되는 사람이 아닌 하나님이 기억하는 사람이 되도록 살았다. 하나님이 기억하는 사람으로 살았던 마리아는 마침내 성경에 기록되었고 아무도 알아주지 않았던 마리아는 오랜 시간 기억되는 사람이 되었다.

우리는 다른 사람의 기억에 오래도록 기억되는 것을 뿌듯해하고 명예롭게 여긴다. 그렇다면 만왕의 왕이신 하나님께 기억되는 것은 얼마나 더 영광스러운 일인가? 세상은 훌륭한 일을 하고 업적이 있어야만 그 사람을 기억하지만, 하나님의 나라는 그렇지 않다. 하나님이 기억했던 마리아의 삶을 통해 하나님 나라에서 기억되는 모습은 어떤 삶의 모양인지를 알 수 있다.

1. 겸손한 신앙을 가져라 (26~27절)

주후 1세기 때 살던 사람들은 예수님의 배경에 대해 매우 의아해했다. 그 이유는 이 땅을 구원하러 올 메시아가 갈릴리 나사렛 마을에서 태어났다는 사실을 이해할 수 없었기 때문이다. 나사렛은 높은 계급의 유대인들이 천대하는 보잘것없는 몹시 가난한 마을이었다. 사정이 이렇다 보니 "나사렛에서 무슨 선한 것이 날 수 있느냐?"라고 물었던 나다나엘의 말이 일부 타당하게 들리기도 한다. 그런데 천사 가브리엘은 예수님이 탄생하실 때 이스라엘에서 가장 거룩한 곳이라고 생각되었던 성전으로 가지 않고, 별 볼일 없어 보이는 갈릴리 나사렛에 찾아왔다. 그러니 사람들이 마땅히 의아해할 만했다.

게다가 예수님의 어머니가 될 마리아는 요즘 흔히 말하는 좋은 학벌과 배경을 갖춘 엄친딸이나 금수저도 아니었다. 그저 지극히 평범한 소녀였다. 그녀는 그리 유명한 사람이 될 가능성을 가지고 있지도 않았다. 나사렛에 살던 다른 가난한 사람들과 마찬가지로 가난한 남자에게 시집을 가서 여러 명의 아기를 낳고, 가난하게 살다가 아무도 모르게 죽을 것으로 예측했을 삶이었다. 그런데 하나님은 평범한 마리아를 예수님의 어머니로 선택하고 그녀에게 예수님을 맡기셨다. 사람들은 마리아의 갖춰진 환경이나 배경만 보고 만유의 왕이신 예수님의 어머니로 적합하지 않다고 생각했겠지만, 하나님은 마리아의 중심을 보시고 그 당시 가장 중요한 일을 가장 겸손한 사람에게 주셨다. 육신의 눈으로 보기엔 모든 것이 완벽해 보이는 사람이라고 하더라도 하나님이 쓰실 때 겸손히 순종할 준비가 되지 않은 사람들이 있다. 그러나 마리아는 어떤 사람이었는가? 그녀는 하나님이 부르실 때 순종할 수 있는 겸손한 마음을 가진 사람이었다. 마리아는 오직 겸손한 믿음을 가진 자였기에 모든 사람이 열망하며 기다리던 메시아를 잉태하는 영광의 현장에 있었다.

2. 개인적 신앙을 가져라 (28~30절)

마리아는 천사를 보고 매우 놀라며 무서워했다. 그때 가브리엘은 두려워 떠는 마리아에게 "무서워하지 말라. 주님께서 너와 함께 하시도다."라고 안심시킨다. '너와'라는 말은 마리아의 신앙이 그저 종교활동에 그친 것이 아니라는 사실을 보여준다. 그녀의 신앙은 살아있었고, 삶 속에 나타나는 개인적 신앙이었다.

이 일이 일어났을 때 마리아는 매우 어렸지만, 그녀는 이미 하나님과 개인적 관계를 맺고 있었다. 이를 통해 믿음은 나이에 구속되는 것이 아니라는 사실을 알 수 있다. 나이가 들어야만 성숙한 신앙을 가질 수 있는 것이 아니다. 어린 사람도 성장한 믿음을 가질 수 있고, 나이가 들어도 성숙하지 못한 신앙을 가질 수 있다.

천사 가브리엘의 메시지는 마리아를 놀라게 했지만, 그녀는 개인적으로 성숙한 믿음을 보였다. 하나님 앞에 이런 순종을 드릴 수 있었던 것은 그녀가 특별히 다른 사람보다 더 용감했기 때문이 아니다. 그녀는 평소 하나님과 개인적으로 친밀한 교제를 해왔기에 순종함으로 반응할 수 있었다. 그리고 이런 그녀의 순종은 어느 날 갑자기 이루어지지 않았다. 매일의 삶 속에서 쌓아온 크고 작은 순종이 어려운 순종 앞에서도 주저하지 않고 즉각적으로 반응할 수 있도록 한 것이다. 이렇듯 하나님과 친밀한 교제가 있는 사람은 하나님의 음성에 민감하게 귀를 기울일 뿐 아니라 하나님이 부르실 때 순종함으로 반응한다. 그러나 하나님과 교제가 단절된 사람은 하나님의 음성을 들을 수 없고 하나님의 뜻을 알아도 순종하지 못한다.

하나님을 믿는 사람들은 하나님과 개인적인 관계를 맺으며 개인적 신앙을 가져야 한다. 그러나 많은 그리스도인이 하나님과 개인적 관계를 갖지 못한다. 그들은 하나님을 머리로는 믿지만 실제로는 하나님 없이 매일을 살아간다. 하지만 하나님과 개인적 관계를 갖지 못하면 하나님께 쓰임 받을 수 없다.

우리는 모두 하나님과 개인적 관계를 맺으며 하나님을 삶 중심에 모시고 살아야 한다. 마리아처럼 하나님과 매일 개인적으로 교제하는 훈련을 쌓아가야 한다. 그럴 때 우리 역시 천사가 찾아와 아들을 낳을 것이라고 했을 때 자신의 믿음을 표현한 마리아처럼 담대한 믿음의 모습을 보일 수 있다.

3. 담대한 신앙을 가져라 (31~38절)

최근 들어 혼인하지 않고 아이를 출산해 키우는 미혼모를 향한 관심이 쏠리며, 많은 대책이 세워지고 지원과 도움이 생겨나고 있다. 조금씩 미혼모를 바라보는 사회적 시선도 바뀌고는 있지만, 여전히 부정적인 시선도 많다. 지금도 미혼모에 대한 사회적 편견은 여전한데, 돌이켜보면 과거의 미혼모들은 사회생활을 하기 어려울 정도로 배척을 받았다. 그러니 간음한 자를 돌로 쳐 죽이던 율법 시대에 처녀가 임신한다는 것은 그야말로 죽음을 각오해야 하는 일이었다.

이런 시대적 상황 속에서 결혼도 하지 않은 마리아가 임신한 것은 감당하기 힘든 큰일이었다. 더욱이 영문도 모른 채, 졸지에 사회적 지탄의 대상이 되어버릴지도 모르는 마리아가 받았을 두려움과 충격은 엄청났을 것이다. 그뿐만이 아니었다. 마리아에게는 이때가 무척 행복한 시기였다. 마리아는 아마도 결혼을 준비하느라 매우 바빴겠지만, 결혼 후 행복한 삶을 살기 위해 계획도 세웠을 것이다. 하지만 천사의 메시지는 마리아의 삶을 송두리째 뒤바꿔 놓았다. 그녀의 계획은 하루아침에 완전히 쓸데없는 것이 돼 버렸다.

천사는 마리아에게 그녀가 남자아이를 낳을 것이고, 그 아이에게 그 당시 유대인들에게 아주 흔한 이름이었던 '예수'라는 이름을 주라고 했다. 예수는 '여호와'와 '슈아'라는 두 단어를 복합한 것이다, 즉 이것은 '여호와가 구원한다!'라는 뜻이다. 그리고 천사는 그 아이는 바로 하나님의 아들로, 하나님께서 약속하신 모든 사람을 위해 오실 메시아라고 말했다.

마리아는 이 모든 것을 다 이해하지 못했다. 그래서 그녀는 천사에게 "나는 사내를 알지 못하니 어찌 이 일이 있으리이까?"라고 물었다. 천사는 마리아에게 성령이 그녀에 임하시고 지극히 높으신 이의 능력이 그녀를 덮을 것이며, 하나님의 모든 말씀은 능치 못하심이 없다고 말했다. 마침내 마리아는 하나님은 불가능한 것이 전혀 없으신 분임을 믿고 하나님께 담대히 순종하기로 했다.

그 후 마리아는 천사의 말처럼 아들을 잉태했다. 그녀는 인류를 구원할 메시아를 잉태했지만, 마냥 기뻐할 수는 없었을 것이다. 마리아가 하나님의 말씀에 순종하기 위해 각오해야 했을 여러 어려움이 있었기 때문이다. 먼저 마리아는 식구들로부터 배척당할 수도 있었다. 당시 문화를 고려해 봤을 때, 가문을 욕되게 했기에 가족들은 결혼 전에 임신한 마리아를 저버릴 수 있었다. 또한 마을 사람들로부터 외면당할 수 있었다. 마을 사람들은 그녀를 두고 부도덕한 사람이라고 수군댔을 것이다. 마리아가 결혼 전에 임신했다는 것이 알려지면 사람들의 외면과 사회로부터의 단절은 불가피했다. 그뿐만 아니라 그녀는 약혼자였던 요셉과의 정혼이 깨질 수 있었다. 아무리 요셉이 훌륭한 사람이라고 하더라도 자신과 결혼을 약속한 사람이 다른 사람의 아이를 가졌다는 사실을 알았을 때 그것을 이해하고 결혼하기는 쉽지 않다. 설상가상으로 요셉이 파혼을 하면 마리아는 파혼당한 여자로 낙인찍혀 살아야 했다. 게다가 다른 남자와의 결혼은 꿈꿀 수도 없었다. 무엇보다 마리아는 생명을 잃을 수 있었다. 부도덕하다는 명목으로 사람들에게 돌로 맞아 죽임을 당할 수 있던 상황이었다. 이 모든 최악의 상황 속에서 마리아가 하나님께 순종하기로 한 결심은 이 모든 것을 감내하기로 한 숭고한 의지였다. 마리아는 담대한 선택과 결단 후에 이렇게 말한다.

"주의 계집종이오니 말씀대로 내게 이루어지이다."

하나님은 사람을 통해 일하신다. 그런데 하나님이 사용하시는 사람은 능력이 많은 사람이 아니다. 하나님께 담대히 헌신하는 사람이다. 그럴 각오가 없으면 하나님께 순종할 수 없다. 우리는 하나님의 뜻이 나의 삶에 이루어지기를 주문 외우듯 기도한다. 그러나 하나님의 뜻이 나의 뜻과 다르고 많은 희생을 감수해야 하면 순종하기를 불편해한다. 하나님의 역사가 나를 통해 이뤄지기를 원하지만, 하나님 뜻에 순종하기는 싫은 이중적인 마음을 갖는다. 하지만 하나님께 쓰임 받고 기억되는 사람들이 되려면 아무리 순종하기가 어려워도 담대히 순종해야 한다.

많은 사람이 복 받기를 간절히 기도하지만, 하나님이 부르실 때는 모르는 척 슬그머니 한 발 뺀다. 교회에서 각종 콜링을 할 때 "팀장은 제 자리가 아닌 것 같습니다." "이번 선교여행은 아무래도 힘들어서 못 갈 것 같습니다." 등 다양한 이유로 거절한다. 그러나 하나님은 담대히 순종하는 믿음을 보일 때 그의 일하심을 보여주신다. 진짜 복된 삶은 넓은 집을 갖고 다른 사람들이 부러워할 만한 명예를 갖는 것이 아닌 하나님께 쓰임 받고 기억되는 사람이 되는 삶이다.

인류의 역사를 통해 오직 한 여인만이 메시아의 어머니가 되는 영광을 누렸다. 많은 여인이 그 영광을 누리길 원했어도 그 영광은 오직 마리아에게만 주어졌다. 영광의 주역이 되고 싶지만 순종하기 싫다는 것은 운동하지 않고 올림픽에서 챔피언이 되고 싶어 하는 것과 같다. 하나님은 우리를 사용하셔서 그의 일을 이루기를 원하신다. 그리고 겸손한 태도로 하나님과 개인적인 관계를 맺으며 하나님의 뜻에 담대히 순종할 수 있는 사람을 찾으신다. 이런 믿음을 갖지 못하면 하나님이 기억하시고 사용하시는 사람이 될 수 없다. 그러므로 하나님이 부르실 때 우리는 믿음으로 고백해야 한다.

"주의 종이오니 말씀대로 내게 이루어지이다!"

하나님이 사용하시는 사람은

능력이 많은 사람이 아니다

하나님께

담대히 헌신하는 사람이다

8장
성탄절 성화의 이야기

―― 누가복음 2:1~14 ――

1 그 때에 가이사 아구스도가 영을 내려 천하로 다 호적하라 하였으니
2 이 호적은 구레뇨가 수리아 총독이 되었을 때에 처음 한 것이라
3 모든 사람이 호적하러 각각 고향으로 돌아가매
4 요셉도 다윗의 집 족속이므로 갈릴리 나사렛 동네에서 유대를 향하여 베들레헴이라 하는 다윗의 동네로
5 그 약혼한 마리아와 함께 호적하러 올라가니 마리아가 이미 잉태하였더라
6 거기 있을 그 때에 해산할 날이 차서
7 첫아들을 낳아 강보로 싸서 구유에 뉘었으니 이는 여관에 있을 곳이 없음이라
8 그 지역에 목자들이 밤에 밖에서 자기 양 떼를 지키더니
9 주의 사자가 곁에 서고 주의 영광이 그들을 두루 비추매 크게 무서워하는지라
10 천사가 이르되 무서워하지 말라 보라 내가 온 백성에게 미칠 큰 기쁨의 좋은 소식을 너희에게 전하노라
11 오늘 다윗의 동네에 너희를 위하여 구주가 나셨으니 곧 그리스도 주시니라

12 너희가 가서 강보에 싸여 구유에 뉘어 있는 아기를 보리니 이것이 너희에게 표적이니라 하더니
13 홀연히 수많은 천군이 그 천사와 함께 하나님을 찬송하여 이르되
14 지극히 높은 곳에서는 하나님께 영광이요 땅에서는 하나님이 기뻐하신 사람들 중에 평화로다 하니라

성탄절 기간이 되면 성탄절 성화들을 여러 장소에서 보게 된다. 차를 타고 다니면서 보고, 교회 앞이나 공공장소에서도 보고, 크리스마스카드나 TV에서도 본다. 해마다 성탄절 때가 되면, 예수님의 탄생을 그린 그림이나 전시물들을 여러 장소에서 볼 수 있다. 그러나 사람들은 이런 사진들이나 전시물들을 별 생각 없이 그냥 스쳐 지나간다. 성탄절의 의미를 바로 알지 못하기 때문에 성탄절 사진을 눈여겨보지 않는 것이다. 하지만 돋보기를 꺼내 성탄절 성화를 자세히 살펴볼 필요가 있다. 그동안 무심코 지나쳤던 예수님의 탄생을 그린 그림 안에 담긴 여러 부분을 세밀히 살펴보아야 한다. 이 과정을 통해 성탄절 성화에 담긴 중요한 진리를 깨닫게 된다.

1. 예수님께서 이해하심을 믿으라 (7절)

마음속 돋보기를 꺼내 예수님이 태어난 장소에 초점을 맞춰보자. 예수님이 어디에 계시는가? 예수님은 마구간 안에 계신다. 그곳에는 냄새나는 가축들이 있다. 어둡고, 축축하고, 지저분하고, 병균이 득실득실한다. 이제 막 태어난 아기가 있기에는 매우 부적절한 장소이다. 생각이 깊은 사람은 질문할 것이다. "하나님께서는 왜 베들레헴에 있는 호텔 중 한 곳에 예수님을 위한 방을 예약하지 않으셨는가?" "왜 하나님께서는 자기의 외아들이 태어날 깨끗한 병실 하나라도 준비해 놓지 않으셨는가?"

예수님이 태어나실 때 모든 방은 이미 만실이었다. 마리아와 요셉은 가축들이 있고 냄새나는 마구간에 머무를 수밖에 없었다. 마구간은 어둡고 냄새나고 지저분해서 이제 막 태어난 아기가 있기에 위생적으로 적합하지 않았지만, 그곳에서 분만을 할 수밖에 없었다. 이것은 우연이 아닌 하나님의 섭리였다. 하나님은 자기 외아들을 위해 깨끗하고 고급스러운 방 대신, 마구간을 준비하신 것이다.

예수님이 태어나신 마구간은 하나님께서 그의 아들을 세상 속으로 보내셨다는 사실을 상징한다. 예수님은 육신의 몸을 입고 나사렛이란 작은 동네에 목수의 아들로 보내져 인간의 어려움과 고통을 겪으셨다. 하나님은 충분히 예수님을 위해 좋은 방을 마련하실 수 있었지만, 의도적으로 계획적으로 그런 준비를 하지 않으셨다. 예수님은 태어나서 처음 숨을 들이쉴 때, 가축들의 똥과 오줌으로 찌든 냄새를 맡으셨다. 예수님이 처음으로 들었던 소리는 동물들의 우는 소리였을 것이다. 또 예수님이 처음으로 입은 옷은 더러운 천이었을 것이다. 예수님이 이 세상에 오신 첫째 날부터 성부 하나님은 그의 아들이 이 세상의 가혹한 현실을 경험하도록 하셨다. 그 이유가 무엇인가?

권력이 있는 왕이나 돈이 많은 부자들, 금수저들은 평범한 사람들처럼 살지 않기에 그들이 경험하는 현실을 이해할 수 없다. 평범한 사람들이 먹는 것처럼 먹지 않고, 평범한 사람들이 일하는 것처럼 일하지 않고, 많은 사람이 겪는 경제적인 고통을 이해하지 못한다. 그들은 다른 사람들이 가지고 있는 집 걱정, 학비 걱정, 먹고 살 걱정을 이해하지 못한다. 아파보지 않았던 사람은 아픈 사람을 위로할 수 없고, 가정불화를 경험해 보지 않은 사람은 가정 문제로 힘들어하는 사람을 제대로 이해할 수 없다. 또 가난해 보지 않은 사람은 가난하게 사는 사람을 이해할 수 없다. 그래서 예수님은 육신의 몸을 입고 이 땅에 오셔서 우리의 삶에 깊이 공감하기를 원하셨다. 예수님은 인간들이 당하는 어려움을 지식으로만 이해하는 것이 아니고 직접 경험으로 아신다. 그래서 우리는 어려운 일들을 당할 때 예수님으로부터 위로를 받을 수 있다.

줄이 없고, 뒷배가 없는가? 예수님도 그렇게 사셨다. 가난한가? 그도 평생 가난하게 사셨다. 차별과 핍박을 경험하는가? 예수님은 한 살도 되기 전에 피난을 가야 했다. 왕따와 배신을 당해 보았는가? 예수님도 수없이 당했다. 비웃음을 당해 보았는가? 예수님은 매일 당한 삶의 일부였다. 버림을 받았는가? 예수님은 가장 중요한 때에 자기 제자들로부터 버림을 받았다. 사랑하는 사람을 잃는 경험을 해보았는가? 예수님은 수도 없이 경험했다. 육체적 고통을 당해 보았는가? 예수님은 어떤 사람이 겪었던 것보다 또 앞으로 겪을 어떤 고통보다 더 심한 고통을 십자가에서 경험했다. 그래서 예수님이 태어난 마구간을 볼 때마다 어떤 어려움을 경험하든지 예수님은 모든 것을 다 이해한다는 사실을 기억하게 된다. 예수님은 어려움과 고통을 몸소 경험하셨기에 이런 어려움을 너무나 잘 이해하신다. 예수님은 어려움을 상상만 하시는 것이 아니고 뼛속 깊이 느껴 보셨다. 예수님께서 우리가 당하는 어려움을 이해하실 수 있음을 믿어야 한다.

2. 예수님께서 변화시키심을 믿으라 (7절)

이제 마구간 안에 있는 작은 구유에 돋보기의 초점을 맞춰보자. 구유는 가축에게 먹이를 주는 여물통에 불과하다. 그저 값싸고 간단하게 만들어진 평범한 물건이다. 생각해 보면 '구유'라는 단어가 성탄절 이야기에 사용되지 않았다면, 많은 사람은 구유가 무엇인지도 잘 모를 것이다. 하지만 하나님의 아들이 구유에 누웠다는 사실 때문에 그 평범하던 구유가 갑자기 존귀하게 변했다. 그 구유가 지금 존재한다면 아마도 경매에서 엄청난 가격에 팔리게 될 것이다. 평범한 여물통이 존귀하게 바뀌었다. 가축의 여물통이 왕의 침대로 바뀐 것이다. 결국 이 구유는 평범한 사람들이 예수님을 담고 있을 때, 어떤 일이 일어날 수 있는지를 보여주는 상징이다. 즉 누구나 예수님 때문에 지극히 평범한 존재에서 지극히 귀중한 존재로 바뀔 수 있다는 뜻이다.

우리는 모두 죄인이었다. 그래서 하나님의 용서와 은혜와 자비를 간절히 구할 수밖에 없었다. 그러나 예수님을 구세주로 믿을 때, 하나님의 귀한 자녀들이 되었다. 평범한 짐승의 구유가 왕의 잠자리가 된 것처럼, 예수님을 내 안에 담을 때 죄인이 하나님의 자녀가 되는 기적이 일어났다. 예수님이 구유를 귀중하게 바꾸신 것처럼 하나님은 우리를 귀중하게 바꾸셨다.

흔히 사람들은 좋은 학벌과 직업과 같은 배경을 자신감의 근거로 삼는다. 그러나 이것은 하나님께 귀하게 쓰임 받는 조건이 되지 못한다. 구유가 예수님을 담을 때, 더는 업신여김을 당하는 여물통이 아니라 사람들이 존귀하게 여기는 왕의 침대가 되었듯 우리 안에 예수님을 담을 때 존귀한 존재가 된다. 그러므로 무엇을 담고 있는지가 중요하다. 사람들은 겉모습에 집중하지만, 중요한 것은 안에 무엇을 담고 있는가이다.

예전부터 전해온 이야기가 있다. 산 위에 작은 나무 한 그루가 있었다. 그는 자신의 미래에 대해 큰 꿈을 가지고 있었다. 그 작은 나무는 말했다. "나는 미래에 귀중한 보물을 담는 보물 상자가 되고 싶어. 각종 보석으로 장식된 세상에서 가장 아름다운 보석상자가 되고 싶어." 오랜 시간이 지나 그 작은 나무는 크게 자랐다. 그러던 어느 날, 한 나무꾼이 그 산으로 올라와 그 나무를 잘라 갔다. 그 나무는 "드디어 나는 아름다운 상자가 되어 귀중한 보물들로 가득 채워질 거야!"라고 좋아했다. 하지만 그 사람은 그 나무를 가축의 여물통으로 만들었다. 그 나무는 아무런 장식도 없었고, 보물도 담지 못했다. 그저 가축을 위한 여물만 담고 있었다. 이렇게 매일 지내던 그 나무는 예전에 자신이 가졌던 꿈을 서서히 잊어가고 있었다. 그러던 어느 날 밤이었다. 찬란한 별빛이 쏟아지던 밤, 한 젊은 여인이 자신이 낳은 아기를 그 구유에 눕혔다. 그 후, 목자들이 찾아와 그 아기에게 경배를 드렸다. 또 얼마 후, 동방박사들이 찾아와 그 아기에게 경배를 드렸다. 그때, 그 나무는 이제 자신의 꿈이 이루어진 것을 깨달았다. 그는 자신 안에 지금 세상에서 가장 귀한 보물이 담겨 있다는 사실을 깨달은 것이다.

아무리 아름다운 보석함이더라도 그 안에 거미줄만 처져 있다면 그 누구도 아름다운 보석함이라고 부르지 않을 터다. 그러나 종이 상자라 하더라도 그 안에 수억 원짜리 보석들이 가득 담겨 있으면 아름다운 보석함이 된다. 인기와 돈, 명예 등이 없으면 어떤가? 우리 안에 수억 원짜리 보석보다 귀하고 존귀한 예수님이 있다면 더없이 멋진 삶이지 않겠는가?

세상은 우리 안에 인기, 돈, 명예와 같은 것들이 가득 채워져야 소중한 존재가 된다고 속인다. 그러나 그것은 거짓이다. 우리는 예수님으로 채워져야 한다. 예수님이 내 안에 가득할 때 더는 내 삶이 보잘것없다고 느끼지 않게 된다. 예수님을 담을 때 초라했던 인생이 값비싼 인생으로 역전될 것이다. 좋은 가문에서 태어나지 못했고, 공부도 많이 못했고, 돈도 많이 없고, 남들이 알아주는 좋은 직업도 없을 수 있다. 연말이 되어도 파티에 초대해 주는 사람이 없을 수 있다. 하지만 누구나 예수님을 통해 귀중한 존재로 만들어져 귀하게 쓰일 수 있다. 예수님은 누구나 귀한 존재로 변화시키실 수 있는 분이다.

3. 하나님께서 인도하심을 믿으라 (8절~12절)

돋보기로 마구간을 살펴보았고, 또 구유도 살펴보았다. 이제 돋보기를 목자들과 천사에게 맞춰보자. 예수님이 태어났을 때, 하나님은 천사를 통해 예수님의 탄생을 목자들에게 알렸다. 그리고 그 천사는 목자들을 아기가 있는 곳으로 인도했다. 천사와 목자들은 하나님께서 우리를 날마다 하나님 앞으로 인도하심을 상징한다. 역사를 살펴보면, 하나님은 자신을 찾는 사람들에게 절대 들키지 않으려고 숨바꼭질하듯 숨거나 수수께끼를 내어 못 찾게 하지 않으셨다. 언제나 사람들이 찾을 수 있도록 인도하시고 방향을 제시해 주셨다. 하나님은 과거의 역사 속에서만이 아니라 오늘날에도 우리를 친히 인도하고 계신다.

누구나 하나님을 떠나 살았을 때가 있다. 그때를 한번 뒤돌아 보자. 얼마나 방황하고 있었는가? 얼마나 큰 상실감 속에서 살았는가? 그럴 때, 하나님께서 어떻게 인도하셨는지 기억이 나는가? 하나님은 인도자를 보내주시고, 증인을 보내주셔서 예수님 앞으로 인도해 주셨다. 그 사람이 부모님이었을 수 있고, 함께 일하는 직장동료나 이웃, 가까운 친구나 전도사, 목사님이었을 수도 있다. 모두가 하나님께서 보내준 사람을 만나 봤을 것이다.

물론 아직도 하나님을 찾고 있을 수 있다. 그렇다면 이것을 깨달아야 한다. 하나님께서는 이미 그의 인도자를 보내주셨다. 하나님께서 이미 보내주신 그 인도자에게 조금 더 민감하게 반응해야 한다는 얘기다. 그 사람과 대화를 나눠 보고, 어려운 질문들도 해보며 예수님을 만나야 한다. 예수님은 2천 년 전에 베들레헴에 태어났지만 그 예수님이 각자의 마음속에서 태어나지 않았다면, 크리스마스는 우리와 아무 상관이 없는 것이다. 이 세상에 인간으로 태어나신 예수님이 우리 각자 안에 다시 태어나야 한다.

또 예수님을 이미 영접한 사람들도 이 사실을 깨달아야 한다. 예수님을 영접한 후에도 이 세상에서 사는 동안 하나님은 우리에게 꾸준히 인도자들을 보내주신다. 천사들을 보내 목자들을 인도했던 것처럼 하나님은 계속해서 누군가를 보내주심으로 우리를 인도하신다. 그것을 믿고 그 인도자에게 민감하게 반응해야 한다.

과거를 돌아보면 하나님은 좋은 영적인 지도자를 보내 바른 믿음의 길을 걸어가게 하셨고 좋은 믿음의 공동체를 만나 믿음을 굳게 하셨다. 그 밖에 여러 만남의 축복을 통해 걸음걸음을 인도하셨다. 하나님은 지금도 여전히 삶 가운데 여러 사람을 보내주신다. 다양한 사람들을 통해 맡은 일을 해내게 하시고 또 결정하게도 하신다. 우연히 선택한 것 같은 여러 결정과 만남은 하나님의 인도하심이다. 하나님의 인도함이 느껴지지 않는다면, 더욱 하나님을 믿고 신뢰하며 그분의 인도하심을 구해야 한다. 하나님의 인도하심을 느껴지지 않는다고 그분이 인도하심을 멈췄다고 생각하면 안 된다. 천사들을 보내 목자들을 인도했던 하나님은 그분의 자녀들을 내버려 두지 않으시고 날마다 인도하고 계신다.

성탄절 성화에서 마구간을 통해 하나님의 의도하심을 발견할 수 있다. 하나님은 일부러 그의 외아들을 안락한 안식처에 보내지 않았다는 사실을 잊지 말아야 한다. 하나님은 예수님이 누구나 겪는 모든 어려움을 몸소 겪음으로 우리를 온전히 이해하기를 원하셨다. 또한 평범한 마구간의 여물통인 구유가 왕의 침대가 된 것처럼 하나님은 평범한 사람들을 귀중한 존재로 바꾸신다는 사실을 기억해야 한다. 더불어 천사와 목자들을 통해 하나님께서 우리에게 영적인 인도자들을 보내주신다는 사인을 잊지 말아야 한다. 앞으로 성탄절 성화를 볼 때마다 하나님이 하신 귀한 일을 기억하고 묵상하길 바란다.

하나님은

지금도 여전히

삶 가운데

여러 사람을 보내주신다

9장
목자들의 이야기

―― 누가복음 2:8~20 ――

8 그 지역에 목자들이 밤에 밖에서 자기 양 떼를 지키더니
9 주의 사자가 곁에 서고 주의 영광이 그들을 두루 비추매 크게 무서워하는지라
10 천사가 이르되 무서워하지 말라 보라 내가 온 백성에게 미칠 큰 기쁨의 좋은 소식을 너희에게 전하노라
11 오늘 다윗의 동네에 너희를 위하여 구주가 나셨으니 곧 그리스도 주시니라
12 너희가 가서 강보에 싸여 구유에 뉘어 있는 아기를 보리니 이것이 너희에게 표적이니라 하더니
13 홀연히 수많은 천군이 그 천사와 함께 하나님을 찬송하여 이르되
14 지극히 높은 곳에서는 하나님께 영광이요 땅에서는 하나님이 기뻐하신 사람들 중에 평화로다 하니라
15 천사들이 떠나 하늘로 올라가니 목자가 서로 말하되 이제 베들레헴으로 가서 주께서 우리에게 알리신 바 이 이루어진 일을 보자 하고
16 빨리 가서 마리아와 요셉과 구유에 누인 아기를 찾아서
17 보고 천사가 자기들에게 이 아기에 대하여 말한 것을 전하니
18 듣는 자가 다 목자들이 그들에게 말한 것들을 놀랍게 여기되
19 마리아는 이 모든 말을 마음에 새기어 생각하니라
20 목자들은 자기들에게 이르던 바와 같이 듣고 본 그 모든 것으로 인하여 하나님께 영광을 돌리고 찬송하며 돌아가니라

성탄절은 예수님의 탄생을 기억하며 축하하는 날이다. 그런데 시간이 지날수록 성탄의 의미는 퇴색되고 점점 잊혀 간다. 사람들이 모여 맛있는 음식을 먹고 마시며 즐겁게 지낼 수 있는 날 정도로 생각한다. 그리고 어느새 예수님의 탄생을 축하하기 위한 크리스마스에는 성탄의 주인공인 예수님은 없고 선물만 있다. 생일의 주인공 없이 열리는 생일잔치처럼 우스운 상황이다. 그러나 성탄절의 주인공인 예수님이 없다면, 크리스마스는 어떤 의미도 갖지 못한다.

크리스마스Christmas는 영어로 Christ(그리스도)와 Mass(예배)가 합쳐진 말이다. 즉 그리스도를 예배하는 날이다. 그래서 크리스마스만 되면 즐거운 크리스마스를 보내라고 메리 크리스마스Merry Christmas라고 인사를 건넸다. 하지만 요즘은 더는 메리 크리스마스라고 부르지 않는다. 대신 해피 홀리데이Happy Holiday라고 인사한다. 크리스마스의 정확한 의미를 모르는 사람은 성탄절을 공휴일처럼 보내지만, 구원받은 성도는 예수님과 함께 성탄절을 보내야 한다. 아기 예수가 태어났을 때 목자들이 예수님을 찾아와 성탄절을 보낸 것처럼 예수님과 함께 성탄절을 맞아야 한다.

1. 하나님께서 하신 일을 믿으라 (8~16절)

밤에 목자들이 밖에서 자기 양 떼를 지킬 때, 주의 사자가 나타나고 주의 영광이 그들을 비추자 그들은 놀라 무서워했다. 천사는 그들에게 무서워하지 말라고 하며 온 백성에게 미칠 큰 기쁨의 좋은 소식을 전해 준다고 말했다. 그리고 그들에게 다윗의 동네에 구주가 태어났다는 소식을 전했다. 그때 그들은 수많은 천군이 천사와 함께 하나님을 찬송하는 것을 보고 듣게 되었다. 이 이야기를 들은 목자들은 몰려온 잠이 확 깰 만큼 당황했을 거다. 너무 갑작스러운 소식에 이 이야기가 사실인지 의심이 들 수도 있다. 그런데 목자들은 "이제 베들레헴까지 가서 주께서 우리에게 알리신 바, 이 이루어진 일을 보자."라고 말한다. 목자들이 말한 '이루어진 일'은 현재형으로 기록돼 있다. 즉 그들은 직접 보지는 않았지만, 이 사실이 이미 이루어졌다고 믿은 것이다. 그래서 이들은 천사가 전해 준 메시지를 듣고 주저함 없이 즉시 예수님이 있는 곳으로 향했다.

　죄인 된 인간은 예수 그리스도를 믿음으로 구원을 얻을 수 있다. 예수 그리스도를 믿는다는 것은 예수님이 하나님의 아들이심을 알고, 인간의 죄를 대속하기 위해 이 땅에 오셔서 십자가에 달려 돌아가셨다는 사실을 인정하는 것이다. 예수님과 함께 성탄절을 맞이하기 위해 우리는 먼저 예수님의 복음, 기쁜 소식을 믿어야 한다.

　예수님의 열두 제자 중 한 사람이었던 도마는 의심이 많은 자였다. 그는 다른 제자들을 통해 예수님이 부활하셨다는 소식을 듣고도 믿지 못했다. 죽었던 자가 다시 살아나는 것이 이성적으로 쉽게 믿기 어려웠다. 그런 그에게 예수님은 직접 찾아가 그의 손가락을 자신의 못 자국에 넣어 보게 하셨다. 그리고 그런 도마를 향해 보지 못하고 믿는 자들은 복되다고 말씀하셨다(요 20:29). 도마는 십자가의 의미를 온전히 이해할 수 없었기에 예수님이 죽었다가 다시 살아나셨다는 사실을 믿을 수 없었다. 오늘날에도 많은 사람이 예수님에 대해 듣고도 믿지 못한다. 그러나 이런 사람들을 향해 예수님은 보지 않고 믿는 믿음이 참되다고 응원하시고 격려하신다.

복음을 듣고도 여전히 도마와 같이 의심이 든다면, 도마를 찾아온 예수님을 경험하게 해달라고 기도해야 한다. 부활하신 예수님에 대해 듣고도 믿지 못했던 도마를 친히 찾아오셔서 믿을 수 있게 도와주신 것처럼 예수님은 우리를 도와주실 것이다. 예수님이 2천 년 전 사람의 몸을 입고 태어나셨음을 믿는가? 예수님을 구원자로 받아들이고 있는가? 하나님이 하신 일을 믿는가? 그렇다면 예수님의 탄생을 믿은 목자들과 같이 하나님이 하신 일을 믿으며 성탄절을 맞아야 한다.

2. 성탄의 메시지를 전하라 (17~19절)

이 당시 목자들은 매우 천대받던 직업을 가진 사람들이었다. 그들은 하는 일이 부정해서 성전에 들어갈 수도 없었고, 거짓말을 잘한다는 평판 때문에 법정에서 증언도 할 수 없었다. 그러나 천대받던 사람들도 천사로부터 성탄절 메시지를 듣고 조용히 있을 수 없었다. 목자들은 마리아와 요셉과 아기 예수를 보고 천사가 자신들에게 말한 내용을 모두 다 전했고, 그 후 다른 주위 사람들에게도 전했다. 이 일로 이들은 거짓말한다고 억울한 소리를 들었을 수도 있지만, 복음을 전하는 것을 멈추지 않았다. 이들은 아기 예수 탄생의 의미를 알았고, 이것이 얼마나 감격스럽고 기쁜 일인지를 알았기에 자신이 보고 들은 것을 전할 수밖에 없었다.

사람들은 자신이 사용했을 때 좋은 제품이나 약이 있으면 누가 홍보해달라고 하지 않아도 사람들에게 추천하며 널리 알린다. 이처럼 좋은 것을 아는 사람은 알리지 않고 잠잠할 수 없다. 그러므로 예수님의 복음이라는 좋은 소식을 접했다면 그것을 전하는 것은 당연하다. 반기독교 정서가 점점 사회에 팽배해지면서 반기독교적 메시지를 담은 드라마나 영화, 노래 등을 어렵지 않게 볼 수 있다. 시대가 지날수록 복음을 전하는 것이 점점 더 힘들어지고 있다. 심지어 대학 캠퍼스 내에서 전도하는 사람을 내쫓기도 하고 전도를 금지하는 '전도 거부 카드'도 등장했다. 복음이 대학가에 들어올 수 없도록 빗장을 단단히 걸어 잠근 모습이다. 물론 이런 풍조는 그리스도인의 잘못도 있다. 그러나 이렇게 기독교에 반대하는 분위기가 계속되는 상황 속에서도 여전히 그리스도인은 예수님의 복음을 전하는 사람들이 되어야 한다. 복음 전하기를 멈추지 말아야 한다. 특히 삶으로 나타나는 행동을 통해 복음을 전해야 한다. 복음을 전하지 않는다면 다른 사람들은 이 기쁜 소식을 알 수 없고 믿을 수 없다. 복음을 굿 뉴스Good News라고 한다. 말 그대로 기쁜 소식이다. 우리에게 가장 굿 뉴스는 죄인 되었던 우리를 구원해 준 예수님의 탄생이다. 그러니 복음을 전하기 어려운 시대라고 하더라도 이 기쁜 소식을 알고 있는 사람들은 복음을 전하는 일을 멈출 수 없다. 이것이 예수님과 함께 성탄절을 맞는 방법이다.

3. 하나님께 영광을 드리라 (20절)

목자들은 천사가 전한 모든 것을 보고 듣고 다른 사람들에게만 전하지 않고, 하나님께도 이야기했다. 이들은 하나님께 영광을 돌리고 찬송하며 돌아갔다. 자신들을 죄에서 구원한 메시아가 태어난 것을 보고 하나님께 영광을 돌린 것이다. 하지만 요즘 많은 그리스도인은 하나님께 영광 돌리는 삶을 살지 않는다. 자신을 구원해 주신 하나님께 영광 돌리지 않고 오히려 하나님이 자신이 원하는 것을 주지 않는다고 불평하고 투정한다.

　이런 상황을 빗댄 얘기를 소개하고자 한다. 방랑 시인으로 유명한 김 삿갓이 길을 가다가 아픈 다리도 쉴 겸 강가에 앉았다. 김 삿갓이 강가에 앉아 얼마쯤 쉬었을 때, 누군가의 다급한 외침이 들렸다. "어푸, 어푸! 사람 살려! 나 좀 살려 주오!" 김 삿갓은 황급히 사방을 둘러보다 강물에 떠내려가는 사람을 발견했다. 지체할 새도 없이 김 삿갓은 물속으로 풍덩 뛰어들었다. 그는 훌륭한 헤엄 실력으로 물에 빠진 사람을 단번에 구했다. 또 꼼꼼한 성격의 그는 보따리도 건져 왔다. 그런데 물에 빠졌던 사람이 정신이 돌아오자마자 김 삿갓에게 자신의 보따리를 내놓으라고 따지기 시작했다. 김 삿갓이 자신을 건지고 보따리도 함께 건졌으나 그 보따리는 자신의 보따리가 아니니 자신의 보따리를 달라는 것이었다. 자신의 보따리엔 땅문서와 집문서가 다 있는데, 이 보따리엔 겨우 엽전 백 냥뿐이라는 것이 그 이유였다. 괜히 도와주는 바람에 땅문서, 집문서를 물어줄 판이었다. 이들은 다투다 결국 관아까지 가게 되었다. 자초지종을 들은 사또가 말했다. "그러니까 네 보따리에는 땅문서와 집문서가 다 있는데, 저자가 건져 온 것에는 엽전 백 냥밖에 없었다, 그 말이지?" 그 사람은 "네, 그렇습니다"라고 대답했다. 그러자 사또가 말했다. "그럼, 그 보따리는 네 것이 아니로구나. 그 보따리는 그것은 건진 자에게 주고 너는 강에 가서 네 보따리를 찾아보거라."

이 이야기가 바로 "물에 빠진 사람 구해 주니 보따리 내놓으라 한다"라는 속담의 유래다. 이 속담은 은혜를 모르는 사람에게 주로 사용한다. 그리고 대개 이 속담을 들으며 자신은 이런 사람이 아니라고 생각한다. 그런데 본인이 물에 빠진 사람과 다르다고 어떻게 자신할 수 있을까?

이와 비슷한 한국 전래 동화 '구덩이에 빠진 어리석은 호랑이'

이야기가 있다. 숲속에 사는 호랑이가 배가 고파 마을로 어슬렁거리며 내려오고 있었다. 그때 마침 호랑이는 사냥꾼이 파 놓은 웅덩이에 빠졌다. 살려 달라고 소리치고 있을 때 그 옆을 지나던 나그네가 가엾게 여겨 그 호랑이를 구해 주었다. 호랑이는 고맙다고 인사를 했지만, 조금 후 나그네에게 "내가 배가 고프니 당신을 잡아먹겠다."라고 했다. 나그네는 너무나 어처구니가 없었다. 목숨을 구해 준 은인에게 이럴 수가 있을까? 억울해진 나그네는 이것이 옳은 행위인지 물어보자고 했다. 지나가던 토끼에게 물었다. 그러자 토끼는 호랑이에게 "제가 잘 모르겠으니, 처음 상황이 어땠는지 한번 보여주시겠어요?"라고 물었다. 토끼의 말에 호랑이는 다시 함정으로 뛰어 들어갔다. 그러자 토끼가 나그네에게 말했다. "이렇게 은혜를 모르는 호랑이는 구해 줄 필요가 없으니 그냥 가세요." 그렇게 나그네와 토끼는 호랑이를 함정에 버려둔 채 다시 가던 길을 갔다.

이 얼마나 어리석은 행동인가? 자기의 목숨을 구해 준 사람에게 은혜를 갚기는커녕 잡아먹겠다고 달려들었으니 다시 웅덩이에 빠질 수밖에 없다. 이런 이야기를 들으면 속이 후련하다. 은혜를 모르는 자는 이런 경우를 당하는 것이 마땅하다. 이런 얘기를 들으면 자신은 이런 행위를 절대 하지 않을 것이라고 장담한다. 하지만 정말 그럴까?

하나님은 죽을 수밖에 없던 죄인인 우리를 구원하시기 위해 독생자 예수 그리스도를 이 땅에 보내주셨다. 누구라도 예수님의 십자가 보혈로 인해 예수님을 믿기만 하면 구원받게 됐다. 죽을 수밖에 없던 우리를 구원해 주신 것만으로도 감사한데 하나님의 자녀로 삼아 주셨다. 그렇다면 우리는 구원의 감격과 감사로 살고 있을까? 영생을 주신 하나님께 감사하기보다 주시지 않은 것들로 투덜거리지는 않은가? 우리는 죄의 물속에 빠진 우리를 구원하신 하나님의 은혜를 너무 쉽게 잊으며 산다. 또 죄의 구덩이에서 구원해 주신 하나님께 감사하지 않는다. 자신들을 구원해 줄 메시아를 본 목자들은 하나님께 영광을 돌리며 감사했다. 이것이 예수님의 탄생을 믿는 사람들이 보여야 할 마땅한 반응이다. 이것이야말로 예수님과 함께 성탄절을 맞는 방법이다.

　성탄절은 예수 그리스도가 이 땅에 오신 것을 기념하는 날이다. 그리스도가 오심으로 죄인 되었던 우리는 참 자유와 영생을 얻게 됐다. 예수 그리스도를 통해 새 삶을 얻게 된 우리는 하나님이 하신 일을 믿으며 그 소식을 전하고, 감사와 찬양으로 하나님께 영광 돌려야 한다. 축복된 성탄절은 이렇게 예수님과 함께 할 때만 가능하다.

이것이 얼마나 감격스럽고

기쁜 일인지를 알았기에

자신이 보고 들은 것을

전할 수밖에 없었다

10장
안나와 시므온의 이야기

―――― 누가복음 2:22~38 ――――

22 모세의 법대로 정결예식의 날이 차매 아기를 데리고 예루살렘에 올라가니
23 이는 주의 율법에 쓴 바 첫 태에 처음 난 남자마다 주의 거룩한 자라 하리라 한 대로 아기를 주께 드리고
24 또 주의 율법에 말씀하신 대로 산비둘기 한 쌍이나 혹은 어린 집비둘기 둘로 제사하려 함이더라
25 예루살렘에 시므온이라 하는 사람이 있으니 이 사람은 의롭고 경건하여 이스라엘의 위로를 기다리는 자라 성령이 그 위에 계시더라
26 그가 주의 그리스도를 보기 전에는 죽지 아니하리라 하는 성령의 지시를 받았더니
27 성령의 감동으로 성전에 들어가매 마침 부모가 율법의 관례대로 행하고자 하여 그 아기 예수를 데리고 오는지라
28 시므온이 아기를 안고 하나님을 찬송하여 이르되
29 주재여 이제는 말씀하신 대로 종을 평안히 놓아 주시는도다
30 내 눈이 주의 구원을 보았사오니
31 이는 만민 앞에 예비하신 것이요
32 이방을 비추는 빛이요 주의 백성 이스라엘의 영광이니이다 하니
33 그의 부모가 그에 대한 말들을 놀랍게 여기더라

34 시므온이 그들에게 축복하고 그의 어머니 마리아에게 말하여 이르되 보라 이는 이스라엘 중 많은 사람을 패하거나 흥하게 하며 비방을 받는 표적이 되기 위하여 세움을 받았고
35 또 칼이 네 마음을 찌르듯 하리니 이는 여러 사람의 마음의 생각을 드러내려 함이니라 하더라
36 또 아셀 지파 바누엘의 딸 안나라 하는 선지자가 있어 나이가 매우 많았더라 그가 결혼한 후 일곱 해 동안 남편과 함께 살다가
37 과부가 되고 팔십사 세가 되었더라 이 사람이 성전을 떠나지 아니하고 주야로 금식하며 기도함으로 섬기더니
38 마침 이 때에 나아와서 하나님께 감사하고 예루살렘의 속량을 바라는 모든 사람에게 그에 대하여 말하니라

미국 루이지애나 주에 있는 어느 교회 무덤에 한 여인의 묘가 있다. 그 여인의 묘비에는 "기다린다!"라는 짧은 한마디가 새겨져 있다. 그녀는 예수님의 부활을 기다린다는 의미로 묘비에 '기다린다'라는 문구를 새기도록 부탁했다고 한다.

그리스도인은 인류를 구원하신 예수님이 탄생한 날을 기뻐하며 성탄절을 보낸다. 십자가에 못 박혀 돌아가셨다가 부활하신 예수님은 다시 오실 것을 약속하셨다. 그래서 그리스도인은 예수님이 다시 오시는 그날을 기다리는 삶을 산다. 그렇다면 예수님이 다시 오시는 날을 어떻게 기다려야 하는가?

마태복음에 등불을 준비한 열 처녀의 비유가 나온다. 신랑을 기다리는 열 처녀는 슬기로운 처녀와 미련한 처녀로 나뉜다. 여분의 기름을 준비한 슬기로운 처녀는 신랑이 올 때 등불을 켜고 혼인 잔치에 들어가지만, 미련한 처녀는 등불을 켤 기름을 구하러 간 사이에 문이 닫혀 들어가지 못한다. 두 그룹 모두 신랑이 올 것은 알았지만 언제 올지 몰랐다. 그래서 신랑을 맞이하기 위해 준비하고 기다린 다섯 처녀는 혼인 잔치에 들어갈 수 있었고, 그렇지 못한 미련한 다섯 처녀는 들어갈 수 없었다. 이처럼 신랑이 되신 주님이 언제 올지 몰랐던 열 처녀처럼 우리도 예수님이 오는 날을 알지 못한다. 다만 늘 기도와 영적인 삶으로 준비되어야 한다. 준비된 사람만이 혼인 잔치에 참여할 수 있기 때문이다.

그렇다면 예수님의 재림을 기다리며 어떤 삶을 살아야 하는가? 예수님의 초림을 기다리며 살던 안나와 시므온을 통해 배울 수 있다.

1. 예수님을 소망하는 삶을 살라 (36~37절 상절)

안나는 열두 지파 중 아셀 지파에 속한 바누엘의 딸이자 여선지자였다. 그녀는 백성들에게 하나님의 말씀을 전하는 사람이었다. 안나는 선지자로서 백성들에게 메시아에 대해 가르쳤다. 그녀가 선지자로 활동할 당시, 이스라엘 백성들은 자신을 구원해 줄 메시아가 온다는 사실을 알고 있었지만 오실 메시아를 기다리는 삶을 살지 않았다. 수많은 종교 지도자도 마찬가지로 구약에서 약속한 메시아가 올 것을 믿었지만, 그를 간절하게 기다리지 않았다. 지금 오시지 않을 거라는 안일한 생각 속에 살고 있었기 때문에 오실 예수님을 보기 위해 준비하지 않았다. 하지만 안나는 달랐다.

안나는 결혼한 후 7년 동안만 남편과 함께 살다가 과부가 됐다. 그리고 84세가 되도록 홀로 살았다. 육신의 눈으로 보면 그녀의 삶은 불행했다. 남편도 없고 자녀도 없으며 돌보아 줄 사람도 없었다. 게다가 나이까지 들어 노인이 됐다. 그런데도 안나는 평생 성전을 떠나지 않고 아침저녁으로 금식하며 기도하는 삶을 살았다. 그녀는 어려운 삶 속에서도 소망을 잃지 않고 하나님 앞에 계속해서 머물렀다.

안나가 소망이 없어 보이는 삶 속에서도 소망을 잃지 않았던 것은 그녀가 이 땅에 있는 것들을 소망으로 삼지 않았던 터다. 안나는 좋은 남편을 만나 부자가 되어 이 세상에서 편한 삶을 살기를 소망하지 않았다. 대신에 그녀는 장차 오실 예수님을 뵙는 것을 소망으로 삼았다. 하나님의 약속에 소망을 둔 사람은 자신의 눈 앞에 펼쳐진 환경으로 인해 낙심하지 않는다. 안나는 메시아가 오실 것이라는 약속을 믿고 기다리며 산 사람이었다. 그녀는 믿음을 근거로 한 소망을 가진 사람이었다(히 11:1).

안나처럼 예수님의 재림을 기다리는 사람은 하나님께 소망을 두고 하나님의 약속이 성취될 것을 기대하며 살아야 한다. 안나는 초림하실 메시아를 소망하며 기다리는 삶을 살았다. 예수님의 초림을 믿는 우리는 예수님의 재림을 소망하는 삶을 살아야 한다. 그렇다면 나의 소망은 어디에 두고 있을까? 세상에서의 편안한 삶을 사는 것을 소망하며 사는가? 아니면 재림하실 예수님을 소망하는 삶을 사는가?

2. 하나님을 예배하는 삶을 살라 (37하절)

안나는 항상 성전을 떠나지 않고 주야로 금식하며 기도함으로 하나님께 예배드리는 삶을 살았다. 정해진 예배 시간뿐 아니라 예배를 마치고 나면 삶의 현장에서 예배를 이어 나갔다. 그녀의 삶은 항상 하나님께 예배드리는 데 초점이 맞춰져 있었고, 말로만 믿음을 고백하는 삶이 아닌 마음과 행동으로 하나님께 예배드리는 삶을 살았다.

예수님을 믿는 그리스도인은 예수님의 초림을 기억하며 예수님의 재림을 기다려야 한다. 물론 이 사실을 믿으니 주일이면 교회에서 예배를 드린다. 하지만 어떻게 매일의 삶 속에서 예배할 수 있는가? 가정을 돌보고, 직장에서 일하고, 다른 할 일들이 많은데 어떻게 끊이지 않고 하나님께 예배를 드릴 수 있는가? 많은 사람이 예배란 주일에 교회에 와서 찬양하고, 설교를 듣고, 기도하는 것으로 생각한다. 물론 예배에는 이런 행위들도 포함이 된다. 하지만 예배는 더 포괄적이다.

사도 바울은 "그런즉 너희가 먹든지 마시든지 무엇을 하든지 다 하나님의 영광을 위하여 하라"라고 말한다(고전 10:31). 하나님의 영광을 위해서라면 먹는 것도 예배가 되고 가정생활도 예배가 된다. 하나님의 영광을 위한 직장 생활 역시도 예배가 될 수 있다. 예수님을 믿는 사람들은 안나와 같이 매 순간 하나님의 영광을 위해 살아야 하고 매일 예배를 올려드려야 한다. 이것이 예수님을 기다리며 예배하는 삶을 사는 것이다.

이렇게 항상 예배드리는 삶을 산다면 언제 예수님이 재림할지 몰라도 된다. 언제 예수님이 재림하더라도 두려워할 필요가 없다. 언제든지 예배 중에 예수님의 재림을 맞을 수 있기 때문이다. 하지만 자신의 안락을 위해 사는 사람들은 예수님의 재림을 두려

위한다. 혹시라도 세상을 위해 살 때 예수님이 재림하지 않을까 두려워한다.

3. 복음을 전하는 삶을 살라 (22~35, 38절)

예루살렘에 시므온이라는 사람이 살았다. 그는 의롭고 경건하게 살면서 이스라엘의 구원을 기다리고 있었다. 시므온은 성령을 통해 죽기 전에 메시아를 꼭 보게 되리라는 하나님의 약속을 알게 되었다. 이 약속을 굳게 믿은 그는 메시아를 간절히 기다렸다.

그러던 어느 날, 마리아와 요셉은 모세의 법대로 정결 예식을 행하기 위해 아기 예수를 데리고 예루살렘을 찾았다. 그리고 그들이 찾은 성전에는 마침 시므온이 있었다. 시므온은 아기 예수를 보자마자 메시아임을 알았다. 그는 예수를 안고 하나님을 찬양하기 시작했다. 요셉과 마리아는 이 모습을 보고 놀랍게 여겼다. 그리고 그때 마침 안나도 시므온이 아기를 안고 하나님을 찬송하는 것을 듣게 된다.

하나님의 시간은 항상 완전하다. 그런데도 사람들은 메시아가 오실 것을 알고 있지만, 안일한 마음으로 준비하지 않았다. 하지만 시므온과 안나는 메시아가 오실 것을 기대하며 평생을 기다렸다. 그리고 그들은 마침내 예수님을 보는 감격을 누렸다. 예수님을 만난 안나는 시므온과 함께 하나님께 감사를 올려 드렸다. 그리고 예수님을 본 안나는 예수님이 누구인지를 다른 사람들에게 알려주었다. 안나는 예수님이 바로 구약에서 약속한 인간의 죄를 속량하러 오신 메시아이심을 모든 사람에게 전했다.

안나처럼 예수님을 믿는 사람들은 2천 년 전에 세상에 오신 예수님에 대해 증명해야 한다. 전도할 대상들을 생각하고, 주위에 아직 예수님이 누구인지 모르는 사람들을 위해 기도해야 한다. 하나님께서 그들의 마음을 열어 주시기를 기도하고 전도할 기회가 주어지도록 기도해야 한다. 전도할 기회가 주어지면 최선을 다해 담대히 예수님에 대해 증명해야 한다.

주위를 둘러보면 절대로 예수님을 믿지 않을 것처럼 보이는 사람들이 있다. 그러나 이들에게도 복음 전하기를 멈춰서는 안 된다. 예수님은 윤리적으로 타락했던 창기와 로마의 앞잡이였던 세리에게 찾아가셨다. 그들을 포기하지 않고 직접 찾아가 그들로 예수님의 제자가 되도록 하셨다. 이렇듯 예수님은 한 영혼도 포기하지 않으신다. 그렇기에 예수님의 재림을 기다리는 사람들은 예수님의 기쁜 소식 전하기를 멈춰서는 안 된다.

예수님의 초림을 믿는 사람들은 예수님의 재림을 기다릴 뿐만 아니라 지켜보는 삶을 살아야 한다. 기다리는 것과 지켜보는 것의 차이는 한 어촌에서 일어난 이야기에서 설명된다. 바다에서 며칠을 보낸 후, 어선의 선장이 배를 몰고 부두를 향해 가고 있었다. 배가 해안에 가까워지자 남자들은 사랑하는 사람들이 기다리고 있는 부두를 간절히 바라봤다. 선장은 창문을 통해 다른 사람들의 아내들은 보았지만, 자신의 아내가 거기에 없어 매우 실망했다. 그는 무거운 마음으로 배에서 내려 자신의 집이 있는 언덕을 향해 올라갔고, 그곳에서 집안에 불이 밝혀져 있는 것을 보았다. 그가 문을 열자 선장의 아내가 이렇게 말했다. "당신이 올 것을 기다리고 있었어요." 그러자 선장은 이렇게 말했다. "다른 아내들은 준비하고 고대하며 기다렸습니다."

 예수님의 재림을 막연히 기다리는 것과 준비하고 고대하며 기다리는 것에는 큰 차이가 있다. 우리는 주의 재림의 때를 모르기에 그분의 재림을 준비하고 깨어 기다릴 뿐만 아니라 지켜보고 있어야 한다. 예수님의 재림을 기다리는 삶은 쉽지 않을 수 있다. 특히 예수님의 재림이 늦어지는 것 같다고 느껴진다면 더욱더 그럴 수 있다. 그렇지만 어떤 상황에서도 예수님을 믿는 사람은 예수님의 재림을 기다리며 지켜보는 삶을 살아야 한다.

하나님의 시간은

항상 완전하다

11장
요한의 이야기 1

———— 요한복음 1:1~3, 14~18 ————

1 태초에 말씀이 계시니라 이 말씀이 하나님과 함께 계셨으니 이 말씀은 곧 하나님이시니라
2 그가 태초에 하나님과 함께 계셨고
3 만물이 그로 말미암아 지은 바 되었으니 지은 것이 하나도 그가 없이는 된 것이 없느니라
14 말씀이 육신이 되어 우리 가운데 거하시매 우리가 그의 영광을 보니 아버지의 독생자의 영광이요 은혜와 진리가 충만하더라
15 요한이 그에 대하여 증언하여 외쳐 이르되 내가 전에 말하기를 내 뒤에 오시는 이가 나보다 앞선 것은 나보다 먼저 계심이라 한 것이 이 사람을 가리킴이라 하니라
16 우리가 다 그의 충만한 데서 받으니 은혜 위에 은혜러라
17 율법은 모세로 말미암아 주어진 것이요 은혜와 진리는 예수 그리스도로 말미암아 온 것이라
18 본래 하나님을 본 사람이 없으되 아버지 품 속에 있는 독생하신 하나님이 나타내셨느니라

신약에는 마태복음, 마가복음, 누가복음 그리고 요한복음 이렇게 네 권의 복음서가 있다. 모두 예수님의 생애를 기록하고 있는데, 이 중에서 '공관복음'이라고 부르는 마태복음과 마가복음, 누가복음은 내용이 매우 비슷하다. 요한복음은 조금 다른데, 특이한 점은 마태복음과 누가복음과 달리 예수님이 태어나실 때의 이야기를 하지 않는다는 것이다. 요한복음의 저자 사도 요한은 예수님이 십자가에 달려 돌아가실 때 그 자리에 있던 사람이다. 예수님은 어머니 마리아를 요한에게 부탁하셨고, 요한은 예수님의 부탁대로 마리아를 평생 모셨다. 생각건대 요한은 마리아와 많은 대화를 나누며 예수님의 탄생에 관한 이야기를 들을 수 있었을 것이다. 그런데도 그는 구유에 놓인 아기 예수나 동방박사, 목자들의 이야기 대신에 예수님의 탄생이 왜 중요한 사건인지를 설명함으로써 자신의 복음서를 시작한다.

　요한은 예수님이 하나님이심을 믿고 그 사실을 전하는 삶을 살다가 밧모섬에 유배된 채 삶을 마무리했다. 요한은 그의 이야기를 통해 예수님이 이 땅에 오신 것이 왜 중요한지 알려주고자 했다. 오늘날 성탄절의 의미는 퇴색되어 정작 무엇 때문에 우리가 기뻐해야 하는지 잊은 듯 보인다. 연말의 즐거운 파티나 선물, 화려한 분위기, 크리스마스 캐럴이 성탄절을 기념하는 이유가 아닌데 말이다. 우리는 성탄절이 주는 기쁨의 이유를 다시 찾아야 한다. 성탄절이 중요한 이유는 2천 년 전 베들레헴 마구간에 태어나신 예수님 때문이다. 이제 요한이 예수님에 대해 무엇이라 이야기했는지 살피며 생각해보자.

1. 예수님이 하나님이심을 믿으라 (1~2절)

요한은 어려운 신학적 진리를 매우 쉬운 단어를 사용해서 설명한다. 그래서 요한복음이 읽기에는 쉬울 수 있지만, 내용은 이해하기 어려울 수 있다. 요한은 "태초에 말씀이 계시니라 이 말씀이 하나님과 함께 계셨으니 이 말씀은 곧 하나님이시니라 그가 태초에 하나님과 함께 계셨고(요 1:1~2)"라고 기록하며 그의 복음서를 시작한다. "태초에 말씀이 계시니라"는 말씀은 창세기 1장 1절 "태초에 하나님이 천지를 창조하시니라"라는 말씀과 유사하다. 하지만 요한복음에서는 '하나님' 대신 '말씀'이라는 단어를 사용한다. 이때 사용된 말씀이라는 단어는 헬라어로 '로고스'이다. '로고스logos'와 '로직logic'은 같은 단어에서 파생된 것으로 철학적 논쟁을 일삼던 헬라 문화권에 사는 사람들에게 이 단어는 매우 익숙한 단어였다.

그런데 왜 요한은 '말씀'이라는 단어로 예수님을 표현했을까? 오히려 유대인에게는 '메시아', '그리스도' 또는 '유대의 왕' 같은 단어가 익숙했을 텐데 말이다. 그는 왜 굳이 말씀이라는 단어를 선택했을까? 그 이유는 당시 유대인들이 이런 단어들의 의미를 잘못 이해했기 때문이다. 그들은 모든 죄인을 죄에서 구원해 줄 메시아를 기다린 것이 아니었다. 그저 자신들을 로마의 압제로부터 구원해 줄 정치적 메시아를 고대했다. 그러나 예수님은 그들의 바람을 이루기 위해 이 세상에 오신 것이 아니다. 그래서 요한은 유대인들이 사용하지 않은 단어를 통해 예수님을 설명한 것이다.

요한은 복음서의 시작부터 예수님이 하나님이심을 분명하게 이야기한다. 요한은 예수님의 열두 제자 중 한 사람으로 예수님과 3년 반 동안 같이 먹고 잠을 자면서 예수님께 직접 가르침을 받았다. 다른 사람들로부터 예수님에 관한 이야기를 전해 들은 자가 아니라 예수님이 하신 일들을 직접 목격한 증인이다. 요한은 예수님이 십자가에 못 박혀 죽으실 때에 그 자리에 있었고, 부활하신 예수님도 직접 보았다. 요한은 예수님이 하나님이라는 사실을 분명하게 믿었고, 이를 다른 사람들에게도 전하고자 요한복음을 기록했다. 그렇다면 요한은 어떻게 예수님이 하나님이라고 믿을 수 있었을까? 거기에는 다음의 이유가 있었다.

첫째, 예수님은 자신이 하나님이심을 직접 말씀하셨다. 출애굽기 3장 14절을 보면 모세가 불붙는 떨기나무 가운데 나타나신 하나님께 그의 이름이 무엇인지 묻는다. 하나님은 자신의 이름을 '스스로 있는 자'라고 하셨는데, 이때 사용된 히브리어가 '여호와'이다. 그런데 히브리어로 써진 구약을 헬라어로 번역할 때, 사람들은 이 단어를 '에고 에이미(εγω ειμι)'라고 했다. 이 단어를 직역하면 '나는 나다'라는 의미로 한국어 성경에는 '내니라'라고 번역된다.

예수님은 이 '에고 에이미'라는 이름을 스스로 여러 번 사용하셨다. 한 가지 예로 마가복음 14장을 보면 대제사장이 예수님께 "네가 찬송 받을 이의 아들 그리스도냐?"라고 물었을 때, 예수님은 "에고 에이미" 즉 "내가 그니라"라고 대답하신다. 다시 말해서 예수님은 자기를 가리켜 '에고 에이미', 자신이 여호와라고 말씀하셨다. 요한은 예수님이 자신을 여호와 하나님이라고 말씀하시는 것을 여러 번 듣고 예수님이 하나님이심을 믿었다.

둘째, 예수님은 하나님만이 하실 수 있는 일들을 하셨다. 병을 고치시고 귀신을 내쫓으시고 죽은 자를 살리며 풍랑을 잔잔하게 하셨다. 예수님이 가시는 곳마다 이적과 기적이 일어났다. 그뿐만이 아니다. 죄를 용서하는 것은 하나님만이 하실 수 있는 일인데, 예수님은 사람들의 죄를 용서해 주셨다(눅 5:18~21). 요한은 예수님께서 하나님만이 하실 수 있는 일들을 하신 것을 직접 보고 예수님이 하나님이심을 믿었다.

셋째, 예수님은 죽음에서 부활하시고 하늘로 승천하셨다. 요한은 예수님이 십자가에 달려 돌아가시는 것을 직접 본 사람이다. 예수님이 무덤에 장사 되시는 장면도, 예수님의 시체가 없어진 빈 무덤도 직접 보았다. 그리고 부활하신 예수님을 직접 만났고 예수님이 하늘로 승천하실 때 그 자리에 있었다. 이 모든 것을 목격한 요한은 예수님이 하나님이심을 분명히 믿고 이 사실을 바탕으로 요한복음을 기록했다. 그러므로 요한의 증거를 받은 우리는 예수님이 하나님이심을 믿어야 한다.

2. 예수님이 창조주이심을 믿으라 (3절)

요한은 만물이 그로 말미암아 지은 바 되었다고 기록했다. 즉 예수님은 태초에 하나님 아버지와 함께 계시며 만물을 창조하셨다. 모든 것이 그분을 통해 지음을 받았다. 요한은 이 사실을 "지은 것이 하나도 그가 없이는 된 것이 없느니라"라는 부정문으로 언급함으로써 다시 한번 강조한다. 즉 이 세상은 하나님 없이 지어진 것이 없다는 의미이다. 우리는 모두 하나님이 만드신 작품들이다. 하나님의 창조물들로, 원숭이에서 진화된 것이 아니다. 그리고 하나님은 잘못된 작품들을 절대로 만들지 않으신다. 물론 그중에는 하나님의 남다른 걸작품도 있지만, 중요한 사실은 모두가 다 하나님의 명작이라는 점이다. 하나님은 절대 잘못된 것을 만들지 않으시고 절대 실수하지 않으신다. 그러므로 자신이 가치가 없는 존재라고 생각해서는 절대 안 된다. 모두가 하나님이 멋지게 만든 작품이며, 하나님께서 지으셨다는 그 이유 하나만으로 가치 있는 존재들이다.

미술관에 가면 유명한 화가들의 그림들이 많이 있다. 그런데 그곳에는 별 볼 일 없는 그림같이 보이는 것들도 걸려 있다. 그 예로 화가들이 연필로 스케치한 작품과 연습으로 그린 것들이 있다. 이런 그림들은 별로 중요하지 않고 가치 없어 보일 수 있지만, 그것 역시 매우 중요하고 가치 있다. 그 이유는 그 그림들도 유명한 화가들이 그렸기 때문이다. 즉 작품 자체보다는 누가 그렸는가가 중요하다는 얘기다. 그러니 당연히 우리 또한 모두가 가치 있는 존재들이다. 하나님이 직접 창조하셨기 때문이다. 또 하나님께서 창조하셨기 때문에 우리는 예수님의 것이다. 그래서 내 마음대로 예수님 없이 살 수 없다. 예수님 없이 살겠다는 태도는 창조주 하나님을 무시하는 행위이자 인간이 범하는 가장 큰 죄이다.

전도할 때 "저는 예수님 없이도 잘살고 있으니, 예수님을 믿으라고 강요하지 마세요. 저는 예수님이 필요 없습니다"라고 말하는 사람들이 있다. 그러면 이렇게 대답해야 한다. "우리는 모두 예수님이 지으셨습니다. 그렇기에 우리는 예수님의 것입니다. 우리가 아무리 예수님이 필요 없다고 말해도 우리의 삶은 예수님의 것이고, 우리는 모두 예수님께 속한 사람들입니다." 물론 우리가 다른 사람들에게 강제로 예수님을 믿게 할 수는 없지만, 기회가 오면 우리는 모두가 예수님의 창조물들임을 말해줘야 한다.

3. 하나님이 성육신하셨음을 믿으라 (14~18절)

요한은 말씀이 육신이 되어 우리 가운데 거하셨다고 했다. 즉 예수님이 하나님 그분이셨다는 말이다. 그래서 그가 예수님의 영광을 보니 하나님 아버지의 독생자가 나타낸 영광이고, 은혜와 진리가 충만했다고 말했다. 요한은 예수님이 성육신하신 하나님이심을 분명히 믿은 것이다. 또한 사도 요한은 예수님에 대한 세례 요한의 증언을 기록했다. 세례 요한은 자신보다 나중에 오시는 분이 자신보다 먼저 계셨다고 말한다. 즉 자신이 예수님보다 이 세상에 먼저 태어나긴 했지만, 예수님은 태초부터 계신 분이므로 사실은 자신보다 먼저 계신 분이라는 것이다. 세례 요한 역시 예수님이 성육신하신 하나님이심을 분명히 증거했다.

이곳에 기록된 "은혜 위에 은혜"라는 16절 말씀은 매우 이해하기 어렵다. '위에'라는 단어는 하나님의 은혜를 받고 또 받았다는 의미로 이해될 수 있다. 물론 그런 의미에서도 우리는 모두 하나님의 은혜를 많이 받았다. 살아가는 모든 순간이 하나님의 은혜이며, 당연한 것이 하나도 없는 우리 삶이지 않은가? 그러나 사도 요한이 말하는 '위에'라는 말은 이런 뜻이 아니다.

우리말로 '위에'라고 번역된 헬라어는 '대신'이라는 의미이다. 즉 "우리가 다 그의 충만한 데서 받으니, 한 은혜 대신 다른 은혜러라"라고 번역되는 것이 더 적절하다. 그러므로 요한이 말하고자 하는 것은 바로 이것이다. 새로운 한 가지의 은혜가 과거의 다른 은혜 대신 주어졌다. 이를 설명하기 위해 요한은 이렇게 기록한다.

한국어 성경에는 빠져 있지만 17절은 "그러므로"라는 단어로 시작한다. 그러므로 하나님의 은혜가 새롭게 보였다는 것이다. 구약시대에는 하나님의 은혜가 모세가 전해 준 율법을 통해 보였다. 하나님은 이 율법을 통해 우리가 죄인이라는 사실과 더불어 우리 모두에게 구세주가 필요하다는 사실을 깨닫는 은혜를 주셨다. 그러나 예수님이 오시고 나서는 하나님의 은혜가 예수님을 통해 보였다. 구약에 약속된 구세주 메시아가 오신 것이다. 그리고 그 메시아는 성육신하신 하나님이셨다. 그러므로 신약에서 보인 하나님의 은혜는 구약에서 보인 하나님의 은혜보다 훨씬 더 우월하다.

요한은 혹시라도 사람들이 이 사실을 잘못 이해할까 봐 "본래 하나님을 본 사람이 없으되, 아버지 품속에 있는 독생하신 하나님이 나타내셨느니라"라고 반복해서 말한다. 그 누구도 이 세상에서 하나님을 본 사람은 없지만 만일 하나님을 보기 원한다면 예수님을 보면 된다. 말씀인 예수님이 육신을 입고 이 땅에 오셔서 하나님이 어떤 분인지 직접 보여주셨기 때문이다. 하나님은 성육신하여 이 세상에 오심으로 모두에게 하나님을 보여주셨다.

불가지론자들(agnostics)은 만약 하나님이 존재한다고 해도 인간들은 하나님이 존재하심에 대해 도저히 알 수 없다고 주장한다. 또한 하나님은 인간들에게 자기 자신을 보여주지 않으신다고 말한다. 이런 이유로 이들은 하나님과 인간들은 개인적인 관계를 맺을 수 없다고 말한다. 그러나 하나님은 성육신하셔서 자신을 분명히 보여주셨다. 그래서 예수님은 "나를 본 자는 아버지를 보았다"라고 말씀하시는 것이다(요 14:9). 인간은 예수님을 통해 하나님을 알 수 있고, 하나님과 개인적인 관계를 맺을 수 있다. 그것은 예수님은 성육신하신 하나님이시기 때문이다.

예수님과 3년 반 이상을 지낸 요한은 예수님이 하나님이시며 우리의 죄를 구속해 주기 위해 이 세상에 오신 메시아이심을 분명히 믿고, 그를 따르며, 가까운 관계를 맺으며 살았다. 그리고 이 사실을 그의 복음서에 기록하며 모두가 예수님을 믿고, 따르며, 그와 가까운 관계를 맺으며 살 수 있음을 전해 주었다. 그의 이야기를 통해 예수님이 이 땅에 오신 사실이 우리에게 왜 중요한지 깨달아야 한다. 성탄절의 의미가 퇴색되는 이 세상에서 우리는 성탄절의 기쁨의 이유를 다시 찾아야 한다. 성탄절이 일 년 중 가장 기쁜 날인 이유는 2천 년 전 베들레헴에 오신 예수님 때문이다. 이것이 요한의 이야기이다.

12장
요한의 이야기 2

―――― 요한복음 1:4~13 ――――

4 그 안에 생명이 있었으니 이 생명은 사람들의 빛이라
5 빛이 어둠에 비치되 어둠이 깨닫지 못하더라
6 하나님께로부터 보내심을 받은 사람이 있으니 그의 이름은 요한이라
7 그가 증언하러 왔으니 곧 빛에 대하여 증언하고 모든 사람이 자기로 말미암아 믿게 하려 함이라
8 그는 이 빛이 아니요 이 빛에 대하여 증언하러 온 자라
9 참 빛 곧 세상에 와서 각 사람에게 비추는 빛이 있었나니
10 그가 세상에 계셨으며 세상은 그로 말미암아 지은 바 되었으되 세상이 그를 알지 못하였고
11 자기 땅에 오매 자기 백성이 영접하지 아니하였으나
12 영접하는 자 곧 그 이름을 믿는 자들에게는 하나님의 자녀가 되는 권세를 주셨으니
13 이는 혈통으로나 육정으로나 사람의 뜻으로 나지 아니하고 오직 하나님께로부터 난 자들이니라

주위에 일어나는 일들을 보면, 이 세상에는 어둠이 가득한 것이 보인다. 인종 차별로 서로를 미워하는 모습, 종교의 이름으로 사람들을 죽이는 테러리스트, 그치지 않는 전쟁 등 이 세상이 암흑에 싸인 것처럼 보인다. 그러나 세상의 빛으로 오신 예수님은 이 모든 것들에 변화를 가져다줄 수 있다.

사도 요한은 열두 제자 중 한 사람으로서 예수님을 가까이서 따르며 예수님이 하신 일들을 직접 보고 듣고 경험했다. 그래서 훗날 많은 사람이 요한을 찾아와 그로부터 예수님에 관한 이야기를 듣고자 했을 터다. 그뿐만 아니라 요한은 교회를 향한 많은 박해와 어려움도 경험했다. 그는 로마의 네로 황제가 갈릴리에 사는 유대인들을 죽이고, 로마 군사들이 예루살렘 성전을 불사르는 것을 보았고, 백만 명의 유대인들이 로마 군사들에 의해 죽임당하는 것과 십만 명의 유대인들이 로마에 노예로 끌려가는 것도 봤다. 그는 다른 사도들이 순교로 세상을 떠났다는 소식도 들었다. 그러나 요한은 이런 일들을 겪으면서도 믿음을 잃지 않았다.

요한복음은 사도 요한이 노년에 기록한 복음서이다. 성경학자들은 요한복음이 4복음서 중 가장 늦게 기록되었을 것으로 추측한다. 요한은 자신의 복음서를 예수님의 족보나 예수님이 탄생하실 때의 이야기로 시작하지 않는다. 대신에 예수님이 이 세상에 오신 의미를 말해줌으로 복음서를 시작한다. 요한은 먼저 예수님이 하나님의 말씀이라고 말한 후, 그가 또 이 세상의 빛이라고 말했다. 또한 이것을 통해 하나님이 육신을 입고 이 세상의 빛으로 오신 사건이 우리에게 어떤 유익을 주는지 말해주었다.

1. 빛 되신 예수님을 통해 생명을 얻으라 (4절)

요즘 세상에는 묻지마 범죄, 테러리즘 문제, 마약 복용 문제, 지구 온난화 문제, 인종차별 문제, 이민 문제, 경제적 문제, 직장 문제 등 문제들이 가득하다. 그런데 사도 요한은 예수님을 어떻게 설명할지 생각하다가 그분이 '세상의 빛'이라고 말했다. 그런데 예수님이 이 세상의 빛이라면 왜 이 세상에는 어두운 문제들이 가득한 것일까? 이 세상에 문제가 많은 이유는 사람들이 영적으로 죽어있고, 하나님과 단절된 삶을 살기 때문이다. 그러나 예수님 안에는 영적인 생명이 있다. 이 생명은 어두운 세상의 빛이 되고, 세상의 해결책이 되고, 죽은 자들에게 생명이 된다. 모든 사람은 예수님을 통해 영적인 생명을 얻고, 예수님의 빛을 발하는 삶을 살 수 있다.

요한은 "예수님 안에 생명이 있었으니 이 생명은 사람들의 빛이라"라고 기록했다. 여기서 '사람들'은 '온 인류'를 뜻한다. 예수님께서 성육신하셔서 유대인들에게 오셨을 때, 그들이 예수님께 기대한 바는 이스라엘에서 로마 사람들을 쫓아내고 자신들을 로마의 압제로부터 구원해 주는 것이었다. 그러나 요한은 예수님이 이 땅에 오신 이유가 유대인만이 아닌, 온 인류를 구원하시기 위해서임을 말한다. 유대인의 정치적 해방이 아니라, 온 인류를 죄 가운데서 구원해 주시기 위해 오셨다는 말이다. 그러나 처음에는 예수님의 제자들조차 이 사실을 제대로 깨닫지 못했다.

예수님이 십자가에서 돌아가시고 부활하셔서 다시 제자들에게 오셨을 때, 제자들은 예수님께 언제 이스라엘을 회복시키실 것인지 물었다. 그러나 예수님은 그것은 그들이 상관할 바가 아니라고 말씀하시면서 제자들에게 예수님을 믿고 빛 되신 예수님을 온 세상에 전하라고 말씀하셨다(행 1:6~8).

예수님은 유대인에게만 생명을 주시는 분이 아니라 모든 사람에게 생명을 주시는 분이다. 어떤 사람들은 기독교가 자신들만 옳다고 주장하는 편파적이고 배제적인 종교라고 말한다. 그러나 성경은 "하나님이 세상을 이처럼 사랑하사 독생자를 주셨으니 이는 그를 믿는 자마다 멸망하지 않고 영생을 얻게 하려 하심이라"라고 말한다(요 3:16). '그를 믿는 자마다'를 직역하면 '누구든지 그를 믿는 자마다'이다. '누구든지'란 '누구를 막론하고'라는 뜻이다. 즉 모든 사람을 다 포함하는 말이다. 성별이나 인종이나 교육 수준이나 가지고 있는 돈과 상관이 없다. 예수님께서는 모든 사람에게 천국에 갈 기회를 주신 것이다. 하지만 세상의 종교 중 어떤 종교들은 세상의 기준들로 그 사람이 천국에 갈 수 있는지 없는지가 결정된다고 믿는다. 특정 성별을 가지지 않았고, 특정 인종으로 태어나지 않았고, 특수 계층으로 태어나지 않았으면 구원을 받을 수 없다고 말한다. 하지만 기독교에서는 그렇게 가르치지 않는다.

두 개의 컨트리클럽이 있다고 상상해 보자. 첫 번째 컨트리클럽은 가입하는데 조건이 매우 까다롭다. 한국인만 가입할 수 있고, 좋은 대학을 나와야만 가입할 수 있고, 적어도 매년 10억 원 이상을 벌어야 하고, 여러 가지 원하는 조건들을 갖추어야만 한다. 그래서 대부분 사람이 그 컨트리클럽에 가입할 수 없다. 이것이 기독교를 제외한 세상의 많은 종교가 가르치는 내용이다. 그러나 기독교는 다르다. 기독교는 마치 두 번째 컨트리클럽과 같다. 이 컨트리클럽에는 누구든지 가입할 수 있다. 돈이 많든 적든 상관이 없고, 그들의 학력이 어떻든지, 남자든지 여자든지, 어느 인종이든지 상관이 없다. 모두가 다 초청받았다. 그렇다면 어떤 종교가 배제적이고 편협하며 교만한가?

예수님은 모든 사람을 전부 다 천국으로 초청해 주셨다. 누구든지 빛 되신 예수님을 믿기만 하면 생명을 얻어 천국에 가서 영생할 수 있다. 그러므로 예수님을 믿어 빛 되신 예수님을 통해 생명을 얻어야 한다.

2. 빛 되신 예수님을 통해 어두움을 이기라 (5절)

요한은 "빛이 어둠에 비치되 어둠이 깨닫지 못하더라"라고 기록했는데, '깨닫지 못하더라'라는 단어는 '이기지 못하더라'라는 의미가 있다. 이 말씀이 알려주는 중요한 점은 어둠이 아무리 짙어도 예수님의 빛을 가릴 수 없다는 사실이다. 세상이 어둡게만 보여도 예수님이 빛을 비추면 어떤 어둠도 그것을 가릴 수 없다.

요한은 핍박과 박해, 혼란과 두려움 속에서도 예수님이 세상의 빛이 되신다는 사실을 의심하지 않았다. 요한은 이스라엘이 멸망하고 성전이 파괴되는 것을 지켜봤다. 많은 그리스도인이 핍박과 박해 속에서 죽임당하는 것을 보았다. 베드로가 십자가에 거꾸로 매달리고 바울이 목이 베여 순교했다는 소식을 들었다. 그는 마지막으로 남은 사도였다. 그런데도 요한은 세상의 빛이 되신 예수님이 어둠을 이기셨다고 확신했다. 어떻게 그럴 수 있었을까?

요한은 예수님이 십자가 못 박히실 때, 그 자리에 있었다. 그는 예수님의 죽음을 목격했다. 그러나 그는 부활하신 예수님을 만났고, 예수님과 식사를 함께 했다. 죽음을 이기고 다시 사신 예수님을 경험한 요한은 확신할 수 있었다. 어떤 고통과 아픔, 두려움이 찾아오더라도 예수님이 세상의 빛이 되시며, 이 세상의 어떤 어둠도 예수님의 빛을 이길 수 없음을 말이다. 여전히 세상은 어둠 속에 있는 것처럼 보인다. 그러나 우리는 빛 되신 예수님을 통해 어둠을 이길 수 있다. 그래서 어두운 중에도 소망을 가질 수 있다. 어둠을 이기신 예수님이 함께 계시기에 우리도 예수님을 통해 어둠을 이기는 삶을 살 수 있다.

1994년 워싱턴 DC에서 열린 대통령 조찬 기도회에서 테레사

수녀는 클린턴 대통령과 앨 고어 부통령에게 다음과 같은 메시지를 전했다.

"오늘날 평화의 가장 큰 파괴자는 낙태라고 생각합니다. 낙태는 아직 태어나지 않은 아이와의 전쟁이기 때문입니다. 낙태는 자신이 아이를 직접 살해하는 것으로 어머니는 사랑하는 법을 배우지 않고 문제를 해결하기 위해 자신의 아이까지 죽입니다. 낙태로 인해 아버지는 자신이 세상에 낳은 아이에 대해 전혀 책임질 필요가 없다고 생각하게 됩니다. 아버지는 다른 여성을 같은 문제에 빠뜨릴 가능성이 높습니다. 따라서 낙태는 더 많은 낙태로 이어집니다. 낙태를 허용하는 모든 국가는 국민에게 사랑을 가르치는 것이 아니라 원하는 것을 얻기 위해 폭력을 사용하는 것을 가르치는 것입니다. 이것이 바로 사랑과 평화의 가장 큰 파괴자가 낙태인 이유입니다."

그 순간 앨 고어 부대통령 부부와 클린턴 대통령 부부를 제외한 모든 사람은 우레와 같은 박수를 보냈다. 낙태를 찬성하는 두 부부는 매우 불편했다. 그들은 앉아서 박수가 가라앉을 때까지 기다렸다. 그리고 클린턴 대통령은 일어나서 조찬 연설을 하면서 이렇게 말했다.

"훌륭하게 살아온 삶에 대해 논쟁하기는 매우 어렵습니다."

누군가에게 어둠을 이기며 살라고 말하기 전에 우리는 먼저 그렇게 사는 모범을 보여야 한다. 그리스도인들이 어둠 가운데 계속해서 살면서 빛 되신 예수님에 대해 말할 수 없다. 그리스도인들은 먼저 빛 되신 예수님을 통해 어둠을 이기는 삶을 살아야 한다.

3. 빛 되신 예수님에 대해 증거하라 (6~13절)

세례 요한은 장차 오실 세상의 빛에 대해 증언한 사람이었지, 빛 그 자체는 아니었다. 그는 사람들이 세상의 빛으로 오실 예수님을 준비하도록 했다. 그러나 예수님이 세상에 오셨을 때 세상 사람들은 예수님을 영접하지 않았고, 예수님을 십자가에 못 박아 죽였다. 그런데도 누구든 예수님을 믿고 영접하는 사람은 하나님의 자녀가 되는 권세를 주셨다.

하지만 예수님이 이 세상에 오신 지 2천 년이 지난 지금에도 여전히 예수님을 모르고 하나님의 자녀로 살지 못하는 사람들이 많다. 수많은 사람이 어둠 속에서 방황한다. 경제적으로는 윤택할지 모르지만, 삶의 목적과 의미를 알지 못한다. 이 세상을 창조하신 하나님의 말씀이 이 세상을 구원하시기 위해 빛으로 오셨는데 이를 알지 못한다. 그런데도 하나님은 예수님의 이름을 믿는 자들에게 하나님의 자녀가 되는 권세를 주셨다. 그러므로 우리는 예수님을 아직 모르는 사람들에게 복음을 전해야 한다. 이를 위해 구원받은 하나님의 백성들을 이 세상에 남겨 두신 것이다.

예수님은 제자들에게 이렇게 말씀하셨다. "너희는 세상의 빛이라. 산 위에 있는 동네가 숨겨지지 못할 것이요. 사람이 등불을 켜서 말 아래에 두지 아니하고 등경 위에 두나니 이러므로 집 안 모든 사람에게 비치느니라"(마 5:14~15)

예수님이 어둠으로 가득 찬 세상을 밝히시는 빛이라면, 그리스도인은 예수님의 빛을 받아 이 세상을 비추는 작은 빛이다. 산 위에 있는 동네는 멀리서도 보인다. 등불은 마루 아래에 두지 않고 높이 올려놓아 그 빛이 온 집안을 밝게 비추도록 한다.

그리스도인은 일어나 빛을 발함으로 빛 되신 예수님에 대해 증거해야 한다. 세례 요한이 예수님에 대해 증거한 것처럼, 사도 요한이 예수님에 대해 증거한 것처럼 예수님을 전해야 한다. 아직 예수님을 모르는 사람들에게 예수님이 구세주이심을 증거하고 그들이 예수님을 자신의 구세주로 영접하도록 도와야 한다. 그리스도인의 사명과 삶의 목적은 바로 여기에 있다. 그런데 요즘 많은 교회와 그리스도인은 예수님에 대해 전하지 않는다. 자신과 가족이 구원받은 것으로 만족한다.

이런 이야기를 들은 적이 있다. 난파가 자주 발생하는 위험한 해안에 살았던 사람들이 공동체를 구성했다. 마을 사람 중 일부가 구조 작업에 시간과 노력과 돈을 투자하기로 했다. 조그마한 인명 구조 기지가 세워졌고 헌신적인 구조대원들은 배가 난파될 때 생존자를 찾기 위해 작은 보트를 내보낼 준비를 하면서 바다를 계속 감시했다. 그 결과 많은 생명을 구한 이 마을의 인명 구조 기지가 유명해졌다. 점점 더 많은 사람이 팀에 합류했다. 곧

새 건물이 세워졌다. 첫 번째 작은 건물보다 훨씬 더 컸고 아름답게 가구와 장식이 돼 있었다. 하지만 회원들의 즐거움과 편안함을 위해 점점 더 매력적인 요소들이 더해지면서 신관은 서서히 클럽 하우스로 탈바꿈했다. 이에 일부 회원들은 구조 작업에 흥미를 잃기 시작했다. 그러나 난파는 계속 발생했고 많은 생존자가 구조되어 응급 처치를 위해 클럽 하우스로 옮겨졌다. 며칠 동안 지속된 구조 활동으로 인해 매력적인 클럽 하우스의 마루가 핏자국과 진흙들로 손상되었다. 다음 회의에서 회원들이 분열되었다. 일부의 회원들은 인명 구조 작업이 회원들의 생활에 지장을 준다고 느껴 구조 작업을 하지 않기를 원했고, 그에 동의하지 않는 사람들은 해안 아래에 다른 작은 구조기지를 만들기로 했다. 세월이 흐르면서 이러한 일이 계속해서 반복되었다. 오늘날 그 해안에는 곳곳에 수많은 고급 클럽 하우스가 있다. 하지만 그 지역의 누구도 이제는 구조 작업에 관심을 두지 않는다. 이것이 요즘 많은 교회의 상태이다. 빛 되신 예수님을 믿는 사람들은 예수님에 대해 전해야 하는데 그 전하는 일에 힘쓰지 않는다.

이 세상에는 어둠이 자욱하다. 생각하기도 힘든 악한 일들을 매일 뉴스를 통해 접하게 된다.

자연재해를 당한 사람들, 기근에 허덕이는 사람들, 강도를 당한 사람들, 폭행을 당한 어린이들, 그치지 않는 전쟁들, 테러리스트들의 무차별적 살인 등 이런 일들을 보면, 화나고 불평하고 낙심할 수 있다. 그러나 그런 상태에서 머무르지 말고 일어나 세상의 빛 되신 예수님에 대해 전해야 한다. 이것이 어두운 세상을 밝게 만드는 길이다. 예수님은 이 세상의 빛이고 예수님의 제자들은 그의 빛을 받은 작은 빛들이다. 아직 예수님을 모르는 사람들에게 빛 되신 예수님에 대해 증거해야 한다.

성탄절이 다가오면 사람들은 연말의 분위기를 즐기며 선물을 사느라 바쁘지만, 정작 영원한 생명을 선물로 주기 위해 오신 예수님을 알지 못한다. 사람들은 성탄절을 기대하지만 정작 무엇을 기다려야 하는지 알지 못한다. 그러나 기억해야 한다. 성탄절이 가장 기쁜 날이 될 수 있는 이유는 우리의 눈을 즐겁게 하는 화려한 불빛들과 흥겨운 음악 때문이 아니다. 오직 2천 년 전 일어난 그 사건 때문이라는 것을 잊지 말아야 한다. 우리는 빛 되신 예수님을 통해 생명을 얻고, 빛 되신 예수님을 통해 어두움을 이기고, 빛 되신 예수님을 증거해야 한다. 이것이 성탄절이 주는 참 유익이다.

그리스도인은

예수님의 빛을 받아

이 세상을 비추는

작은 빛이다

13장
요한의 이야기 3

―――― 요한복음 3:16~17 ――――

16 하나님이 세상을 이처럼 사랑하사 독생자를 주셨으니 이는 그를 믿는 자마다 멸망하지 않고 영생을 얻게 하려 하심이라
17 하나님이 그 아들을 세상에 보내신 것은 세상을 심판하려 하심이 아니요 그로 말미암아 세상이 구원을 받게 하려 하심이라

2천 년 전에 일어난 사건이 여전히 교통 체증을 일으키는 이유가 무엇인가? 왜 수십억의 사람들이 직장을 쉬고, 교회 예배에 참석하고, 파티를 열고, 크리스마스를 축하하기 위해 가족과 함께 모이는 것인가? 이토록 크리스마스가 특별한 이유가 무엇인가?

예수 그리스도의 탄생은 역사상 가장 중요한 사건이다. 예수님의 탄생은 역사를 그리스도 이전(B.C; before Christ)과 그리스도 이후(A.D; anno Domini; 주님의 해)로 나누었다. 해마다 크리스마스가 되면 사람들은 저마다의 방법으로 이날을 기념한다. 반짝이는 전구와 각종 오너먼트ornament로 크리스마스트리를 장식하고, 가족이나 친구들과 모여 즐겁게 지내며 선물을 주고받기도 한다.

2천 년 전에 일어난 사건이 여전히 우리에게 기억되고 기념되는 이유는 무엇인가? 우리는 매년 크리스마스를 기념하지만, 이날의 참 목적이 무엇인지도 기억해야 한다. 예수님이 이 세상에 태어나심은 하나님께서 계획하신 일이다. 아기 예수의 탄생이 언제, 어디서 일어날 것인지 하나님이 계획하셨다. 그리고 우리는 하나님께서 왜, 무엇을 위해 예수님의 탄생을 계획하셨는지 깨달아야 한다.

1. 하나님께서 우리를 사랑하심을 깨달으라 (16상절)

"하나님이 세상을 이처럼 사랑하사…"라는 말씀은 성경 전체를 통틀어 가장 유명한 구절 중 하나다. 하나님이 예수님을 이 세상에 보내시면서 우리에게 가장 먼저 말씀하신 것은 "내가 너를 사랑한다"라는 것이다. 하나님이 그의 외아들을 이 세상에 보내신 첫 번째 이유가 바로 여기에 있다.

성경은 "하나님은 사랑이시라"라고 말한다(요일 4:16). 하나님은 '사랑이 많으신' 정도가 아니라 '사랑 그 자체'라는 뜻이다. 그러므로 사랑은 하나님의 본성이며 성품이다. 하나님은 우리가 승승장구할 때도 사랑하시고, 우리에게 어려운 일이 닥쳤을 때도 사랑하신다. 하나님은 우리가 그 사랑을 느낄 때도 사랑하시고, 느끼지 못할 때도 사랑하신다. 하나님은 우리가 사랑받을 자격이 있다고 생각할 때도 사랑하시고, 사랑받을 자격이 없다고 생각할 때도 사랑하신다. 이것은 하나님의 사랑이 우리가 어떤 사람인지에 근거하지 않기 때문에 그렇다. 대신 하나님의 사랑은 하나님이 어떤 분인지에 근거한다.

사도 바울은 하나님의 사랑에 대해 구체적으로 기록한다.

> 누가 우리를 그리스도의 사랑에서 끊으리요
> 환난이나 곤고나 박해나 기근이나 적신이나 위험이나 칼이랴
> 기록된 바 우리가 종일 주를 위하여 죽임을 당하게 되며
> 도살 당할 양 같이 여김을 받았나이다 함과 같으니라
> 그러나 이 모든 일에 우리를 사랑하시는 이로 말미암아
> 우리가 넉넉히 이기느니라
> 내가 확신하노니 사망이나 생명이나 천사들이나 권세자들이나

현재 일이나 장래 일이나 능력이나
높음이나 깊음이나 다른 어떤 피조물이라도
우리를 우리 주 그리스도 예수 안에 있는 하나님의 사랑에서
끊을 수 없으리라 (로마서 8:35~39)

바울이 로마서에 기록한 것처럼 그 어떤 것도 하나님의 자녀들을 그분의 사랑에서 끊을 수 없다. 그것은 우리를 향한 하나님의 사랑이, 그 무엇도 아닌 하나님의 본성에서 비롯되기 때문이다. 하나님이 우리를 얼마나 사랑하시는지 그 누구도 완전히 이해할 수는 없다. 우리에게는 그럴만한 지적 능력이 없다. 그러나 기억하자! 하나님은 사랑이시다. 그리고 우리를 사랑하셔서 예수님을 이 세상에 보내주셨음을 믿어야 한다. 이것이 성탄절이 가져다주는 기쁜 소식이다.

2. 하나님께서 우리와 함께하심을 깨달으라 (16중절)

하나님은 예수님을 우리에게 보내주셨다. 하나님이 그의 외아들을 이 세상에 보내신 두 번째 이유는 하나님이 우리와 함께한다는 것을 보여주시기 위해서이다. 성경은 예수님을 또 다른 이름 '임마누엘'이라 소개한다. '임마누엘'은 '하나님이 우리와 함께 계시다'는 뜻이다. 하나님이 항상 함께하시니 우리는 담대할 수 있다.

성탄의 기쁜 소식을 통해 하나님은 "내가 너를 사랑할 뿐만 아니라 너와 항상 함께한다."라고 말씀하신다. 하나님이 우리와 함께하시면, 외롭지 않다. 하나님이 함께하실 때 마음속 깊은 외로움과 공허함이 채워지기 때문이다. 하나님이 함께하시면, 우리는 두려워할 이유도 걱정할 필요도 없다. 하나님이 우리를 결코 홀로 내버려 두지 않으시고 "내가 너와 함께하며 너를 도우리라."라고 말씀하시니 그렇다.

어떤 이들에게는 부모, 배우자, 친구 또는 깊이 사랑한 누군가로부터 버림받은 경험으로 인해 버려짐에 대한 두려움이 있을 수 있다. 그러나 하나님은 결코 우리를 버리지 않으신다. 하나님이 함께하신다는 것을 느끼지 못할 때도 있지만, 그것이 하나님이 우리를 버리셨다거나 우리에게서 멀리 떨어져 계심을 의미하는 것은 아니다. 하나님은 우리가 느끼든, 느끼지 못하든 우리와 항상 함께하신다. 하나님은 그 누구도 버리실 수 없고, 버리지도 않으신다.

사람은 누구나 본능적으로 외로움을 느낄 때가 있다. 그리고 코로나19 팬데믹으로 인해 외로움을 느끼는 사람들이 더 많이 늘었다. 혹시 지금 당신도 외로운가? 외롭다고 느낀다면 우리와 함께하시는 예수님과 가까운 관계를 맺으며 살아야 한다.

3. 하나님께서 우리를 위하심을 깨달으라 (16하~17절)

하나님은 그의 외아들을 왜 이 세상에 보내셨는가? 그 세 번째 이유는 하나님이 우리를 위한다는 것을 보여주시기 위해서이다. 하나님은 이 세상을 심판하시기 위해 예수님을 보내신 것이 아니다. 오히려 이 세상을 구원하시기 위해 예수님을 보내셨다. 다시 말해 예수님은 우리를 정죄하기 위해 오신 것이 아니라 구원하기 위해 오셨다는 사실이다. 그래서 천사들은 예수님의 탄생을 알리면서 "두려워하지 말라"라고 말한다(눅 2:10).

구원은 우리의 어떤 노력이나 선행으로도 얻을 수 없다. 구원은 우리가 예수님을 믿을 때 받는 선물이다. 우리의 죄를 대신해 예수님이 십자가에서 죽으셨다는 사실을 믿으면 영원한 생명을 얻을 수 있다. 우리가 사망에서 벗어나 천국에서 하나님과 함께 영원한 생명을 누릴 수 있도록 하나님은 2천 년 전에 예수님을 이 세상에 보내셨다. 그러므로 예수님이 이 세상에 오셔서 우리의 죗값을 치르셨다는 사실을 믿으면, 우리는 죄 사함을 받고 죄에서 벗어날 수 있다.

어떤 사람들은 "내가 하나님께 가까이 나가면 하나님은 나를 꾸짖으실 거야. 내가 지은 모든 죄를 기억나게 하실 거야."라고 생각한다. 이처럼 하나님과 멀어지게 하는 죄책감을 느끼며 살고 있다면, 하나님이 우리에게 주신 성탄의 메시지를 다시금 기억해 보자. 성경은 하나님께서 예수님을 이 세상에 보내심은 인간들을 심판하려고 하심이 아니라고 분명히 말한다. 예수님은 우리를 구원하러 오셨지, 벌하러 오신 분이 아니다. 우리를 용서해 주시기 위해 오셨지, 정죄하러 오시지 않았다.

하나님은 그의 자녀들이 죄와 싸워 이기기를 원하시고, 구원을 받고 하늘에서 그와 함께 영원히 살기를 원하신다. 하나님은 그의 자녀들을 위해 모든 것들을 하신다. 바울은 "만일 하나님이 우리를 위하시면 누가 우리를 대적하리요"라고 묻는다(롬 8:31). 우리는 하나님이 그의 자녀들을 위하시기 때문에 누구도 대적할 수 없음을 확신할 수 있다. 성경에 "두려워하지 말라"는 말이 365번 나온다. 그래서 어떤 이들은 1년 365일 중 하루라도 두려워 말라는 의미로 해석하기도 한다. 하나님의 자녀들은 단 하루도 두려워할 필요가 없다.

더 나아가 이 사실을 믿는다면, 그 누구도 다른 사람을 정죄할 수 없다. 정죄해서도 안 된다. 그 대신 예수님의 제자라면 다른 사람에게 길과 진리와 생명 되시는 예수님에 대해 말해줘야 한다. 다른 사람들에게 예수님이 누구신지 행동으로 보여줘야 한다. 예수님의 자녀들은 예수님을 닮아가기 위해 노력하며 행동을 통해 하나님의 사랑을 보여줘야 한다.

언젠가 이런 이야기를 들은 적이 있다. 하나님께 관심이 없는 사람이 있었다. 그러나 그에게는 기독교인인 이웃이 있었다. 그들은 단지 좋은 이웃 관계를 맺었다. 그런데 어느 날 이 남자는 아내가 암에 걸렸다는 사실을 알게 되었고 3개월 후 그녀는 이 세상을 떠났다. 그리고 이것이 그가 쓴 편지이다.

> 나는 완전한 절망에 빠져 있었다. 정신이 하나도 없이 장례 준비와 예배를 마쳤다. 예배 후에 나는 강을 따라 길을 걸었다. 나는 밤새도록 걸었다. 그러나 나는 혼자 걷지 않았다. 내 이웃이 내가 걱정되어 밤새도록 나와 함께 있었다. 그는 아무 말도 하지 않았다. 그는 내 옆에서 걷지도 않았다. 그는 단지 뒤에서 나를 따라왔다. 마침내 해가 강 너머로 떠올랐을 때, 그는 나에게 다가와서 '아침 먹으러 갑시다' 라고 말했다.
> 나는 지금 교회에 나간다. 나는 나의 이웃 교회에 간다. 그가 나에게 보여준 배려와 사랑을 낳을 수 있는 종교에 대해 더 알고 싶다. 나도 그렇게 되고 싶다. 나는 내 남은 인생을 통해 사랑하고 사랑받고 싶다.

우리는 모두 예수님을 닮아가는 삶을 살아야 한다. 모든 사람에게 예수님이 우리를 사랑하시고, 우리와 함께하시고, 우리를 위하신다는 것을 말과 행동으로 전해야 한다. 그 사람이 누구든 어디 출신이든 상관없다. 얼마나 교육을 받았든 과거에 어떤 실수와 잘못을 저질렀든 상관없다. 모두에게는 좋은 소식이 있다. 만물을 창조하신 하나님, 모든 별을 만드신 하나님이 이렇게 말씀하신다.
"내가 너를 사랑한다. 내가 너와 함께한다. 내가 너를 위한다."

이것이 3년 반 동안 예수님과 함께 지냈던 요한이 예수님에 대해 사람들에게 전하고자 했던 메시지이다. 하나님이 우리를 사랑하시고, 하나님이 우리와 함께하시고, 하나님이 우리를 위하신다는 것을 증명하시기 위해 하나님은 약속대로 예수님을 이 땅에 보내주셨다. 이것이 예수님의 탄생을 기념하는 이유이다.

예수님의 자녀들은

예수님을 닮아가기 위해 노력하며

행동을 통해

하나님의 사랑을 보여줘야 한다

14장
바울의 이야기

—— 갈라디아서 4:4~6 ——

4 때가 차매 하나님이 그 아들을 보내사 여자에게서 나게 하시고 율법 아래에 나게 하신 것은
5 율법 아래에 있는 자들을 속량하시고 우리로 아들의 명분을 얻게 하려 하심이라
6 너희가 아들이므로 하나님이 그 아들의 영을 우리 마음 가운데 보내사 아빠 아버지라 부르게 하셨느니라

혹시 아이를 입양한 가정에 대해 들어 본 적이 있는가? 한 아이를 입양한다는 것은 결코 쉬운 일이 아니다. 시간도 오래 걸리고, 돈도 많이 들고, 아이가 있는 장소에도 여러 번 다녀와야 한다. 그러나 아이를 입양한 부모들은 항상 똑같은 말을 한다. "아이를 데려와 함께 살다 보니, 그동안 고생했던 일들이 하나도 생각나지 않습니다!" 그 아이를 데려오기 위해 들였던 시간이나 돈, 고생들이 하나도 아깝지 않다고 말한다.

사도 바울은 자신의 관점에서 성탄의 의미에 대해 기록했다. 갈라디아서는 사도 바울이 주후 51년에서 53년경에 기록했다. 즉 이 서신서는 예수님께서 돌아가시고 부활하신 후, 25년이 지난 후에 기록되었다. 바울은 예수님을 직접 목격한 사람들을 만나보았다. 그는 예수님의 어머니 마리아를 만나봤을 것이고, 또 예수님 제자들의 이야기를 직접 들었을 터다. 그 자신도 다메섹 도상에서 부활하신 예수님을 직접 보았다. 그리고 이것들을 기초로 이 서신서를 기록했다.

물론 모든 그리스도인은 하나님이 세상을 사랑하셔서 독생자 예수를 이 땅에 보내셨다는 사실을 안다. 그러나 지식적으로 아는 것과 마음으로 믿는 것에는 큰 차이가 있다. 그렇다면 자신이 예수님의 복음을 마음으로 믿는다는 것을 어떻게 알 수 있을까? 하나님께 어떻게 기도드리고 있는지 생각해 보면 된다. 혹시 "하나님, 제가 죄를 많이 지었으니 이번 주에는 꼭 교회에 가겠습니다." "하나님, 제가 분노를 참지 못했습니다. 그러니 제가 이번 주에는 헌금을 좀 더 하겠습니다." "하나님, 제가 원하는 것을 들어주시면 교회 봉사를 하겠습니다." 이렇게 하나님과 거래하지는 않는가? 그러나 바울은 성탄에 담긴 메시지를 전해주며 우리는 하나님과 이런 관계를 더는 갖지 않아도 된다고 말했다.

1. 하나님께 용서받았음을 기억하라 (4~5상절)

바울은 때가 되므로 하나님이 그 아들을 보내셔서 여자에게서 나게 하셨다고 말했다. 그가 율법 아래에 나게 하신 것은 율법 아래에 있는 자들을 속량하시기 위해서였다. 이스라엘 백성은 수백 년 동안 그들을 구원할 메시아가 오실 것을 기다렸지만, 메시아를 보내주신다는 하나님의 약속은 이루어지지 않는 것만 같았다. 그러나 하나님께서는 '때가 차매' 약속하신 대로 그의 아들을 이 세상에 보내 주셨다.

바울은 부활하신 예수님을 직접 뵙고, 예수님을 직접 보았던 사람들로부터 증언을 듣고, 예수님이 바로 메시아이심을 확신했다. 그리고 그는 예수님께서 율법 아래에 있는 자들을 속량하시기 위해 오셨다고 기록했다. 성경에서 '속량'이라는 단어는 '대가를 지급하여 놓아준다'라는 의미를 가진 법적인 용어이다. 성경은 모든 인간이 하나님의 법을 어겼다고 말한다. 법을 어기면 누구나 채무자와 채권자의 관계를 맺게 된다. 벌금을 내야 하는 채무자와 벌금을 받아야 하는 채권자의 관계가 형성된다. 이렇게 모든 사람은 하나님과 채무자와 채권자의 관계가 되었다. 채무자가 채권자에게 벌금을 내지 않는다면, 이것은 마치 세상의 법을 어기는 것과 같다. 예를 들어 도시마다 교통법규에 따라 제한 속도를 정해 놓는데, 누군가가 속도위반으로 경찰에게 잡혔다면 법을 어긴 사람은 벌금을 내야 한다. 이처럼 하나님의 법을 어긴 우리도 하나님께 죗값을 지불해야 했다. 하지만 그 누구도 자신의 죗값을 치를 능력이 없다. 그래서 우리의 죗값을 지불하시기 위해 예수님이 이 세상에 오셔서 우리를 대신해서 돌아가신 것이다. 그러므로 이제 율법은 더는 우리를 고소할 수 없다. 그 이유는 예수님이 죗값을 지불하셨기 때문이다. 이 사실은 인간들과 하나님과의 관계가 더는 범죄자들과 재판장의 관계가 아님을 말해 준다. 하나님과 인간은 이제 더는 법적인 관계가 아니다. 예수님을 믿는 사람들은 죄를 용서받았기 때문이다.

2. 하나님의 자녀로 입양되었음을 기억하라 (5하절)

하나님은 죄를 용서해 주시는 것에 그치지 않고, 우리에게 아버지와 자녀라는 더 친밀한 명분을 주셨다. 이것을 설명하기 위해 바울은 그 당시 시대에 맞게 예를 들어 예수님이 이루신 일에 관해 설명했다.

오늘날 '입양'이라고 하면 일반적으로 어린아이를 입양하는 모습을 떠올린다. 하지만 당시 로마인들은 유아 사망률이 높았기 때문에 장성한 성인을 가족에 입양하곤 했다. 가령 부유한 집안에서 자식이 버릇이 없어 도저히 아버지가 그 아이에게 재산을 맡길 수 없을 때, 자신이 믿을 수 있는 사람을 입양해서 자기 재산을 맡기기도했다.

그러나 죄를 범한 인간들이 어떻게 하나님의 자녀가 될 자격이 있단 말인가? 바울이 말하는 중요한 사실이 바로 이것이다. 우리는 모두 하나님께 죄를 지은 사람들이다. 하나님은 우리가 무슨 죄를 지었는지 다 아신다. 그러니 하나님의 자녀로 입양될 만한 자격이 하나도 없다. 그런데도 예수님을 이 땅에 보내셨고, 예수님이 십자가에 달려 돌아가심으로 하나님은 우리의 죄를 용서하셨고 하나님과 가족관계를 맺어 주셨다. 이제는 하나님을 더는 두려운 존재가 아닌 아버지로 바라볼 수 있게 되었다는 사실이다. 하나님과 법적 관계를 벗어나 가족관계를 맺게 되었다. 그러나 하나님의 은혜는 여기서 끝나지 않았다.

3. 하나님과 친밀한 관계를 누리라 (6절)

이제 우리가 하나님의 자녀가 되었으므로 하나님이 그 아들의 영을 우리 마음 가운데 보내사 '아빠 아버지'라 부르게 하셨다. 하나님을 처음 '아빠 아버지'라고 부른 분은 예수님이다. 예수님은 잡히시기 전 겟세마네 동산에서 하나님께 "내 아버지여 만일 할

만하시거든 이 잔을 내게서 지나가게 하옵소서"라고 기도하셨다 (마 26:39). 이때 예수님이 사용하신 단어를 바울도 동일하게 사용했는데, 그는 하나님의 자녀가 된 사람들은 하나님을 아버지라고 부를 수 있게 됐다고 말한다.

하지만 바울로부터 이런 내용이 담긴 편지를 받은 갈라디아 교회 교인들은 이 사실을 믿기 매우 어려웠을 터다. 이 당시 신은 두려운 존재였기에 하나님과의 관계를 자녀와 아버지의 관계로 받아들이는 것은 상상을 뛰어넘는 일이었다. 이는 오늘날 누군가에게도 마찬가지일 수 있다.

그렇다면 하나님이 우리의 아버지 되신다는 사실은 우리에게 어떤 변화를 가져다주는가? 만약 딸이 아버지에게 와서 "가정에서 전능하시고, 전지하시고, 모든 것을 주관하시는 아버지여!"라고 부른다면 '이 아이가 어디가 아픈가?'라고 생각할 것이다. 대개 딸은 아버지에게 간단하게 "아빠!"라고 부르지 않는가? 그런데도 아버지는 단지 자신의 자녀가 부르기 때문에 반응한다. 이처럼 바울이 강조하고자 하는 성탄의 메시지는 예수님을 믿는 자들이 하나님과 이런 친밀한 관계를 맺을 수 있다는 사실이다.

그러므로 우리는 하나님께 기도할 때 "전능하시고, 전지하시고, 무소부재(無所不在)하시고, 모든 것을 주관하시는 거룩하신 하나님!"이라고 거창하게 부르지 않아도 된다. 더는 재판장에게 호소하는 기도를 하지 않아도 되고, 아빠와 대화하는 기도를 할 수 있다. 또한 시험에 반응하는 태도도 바뀔 것이다. 하나님이 벌을 내리실까 봐 무서워서 죄를 피하는 것이 아니라 하나님 아버지가 슬퍼하실까 봐 죄를 멀리하게 될 것이다. 자신과 다른 사람들을 하나님 아버지의 사랑받는 자녀로 바라보게 될 것이다. 하나님의 자녀 된 우리는 하나님과 가까운 관계를 누릴 수 있다. 이것이 성탄절이 주는 메시지이다. 2천 년 전 이 땅에 오신 예수님은 하나님을 "아빠 아버지"라고 부를 수 있게 하셨다. 성탄절의 메시지는 우리가 하나님과 아주 친밀한 아빠와의 관계를 맺을 수 있다고 말해 준다.

입양된 아이들은 자신이 부모로부터 얼마나 큰 사랑을 받고 있는지 모를 수 있다. 그러나 분명한 사실은, 그들은 입양한 부모들로부터 큰 사랑을 받고 있다는 것이다. 어떤 면에서는 입양되지 않은 아이들보다 더 큰 사랑을 받고 있을 수도 있다. 그들의 부모들은 자신들이 입양한 자녀들이 있는 곳으로 그들을 찾아갔다. 그 아이들을 입양하기 위해 많은 값을 지급했고, 그들을 불행한 환경에서부터 구해 주었다. 이것이 바로 예수님이 우리를 위해 하신 일이다.

오래전 남태평양의 한 섬에서 일어난 이야기를 들었다. 이 섬에서는 여자가 결혼할 나이가 되면 구혼자들이 찾아와 장인 될 사람에게 선물을 주어야 했다. 그들이 가진 가장 귀중한 것은 소였다. 때때로 어떤 여자가 유난히 아름다우면 구혼자들은 그 여자와 결혼하기 위해 두세 마리의 소를 장인 될 사람에게 갖다 바쳤다. 그러나 보통 그들은 소 한 마리만 주고 결혼하곤 했다. 그 섬에 아주 평범한 소녀가 있었는데, 그녀 역시 결혼할 나이가 되었다. 한 남자가 그녀와 결혼하기 위해 열 마리의 암소를 가져왔다. 그녀의 아버지는 그가 조금 미쳤다고 생각했지만 개의치 않고 암소 열 마리를 받고 자신의 딸과 결혼하는 것을 허락해 주었다. 다른 사람들은 이 청년이 어리석다고 생각했다. 하지만 그는 자신이 하는 일을 정확히 알고 있었다.

결혼 후 그녀는 고개를 들고 다녔다. 그녀는 자신이 열 마리의 소를 받을 정도로 소중한 사람임을 알았고, 다른 사람들도 그것을 알게 되었던 까닭이다. 그녀는 '열 암소 여인'으로 알려졌다. "저기 열 암소 여인이 지나간다. 열 암소 여인과 결혼한 남자는 정말 행운의 남자이다." 그는 자신이 무엇을 했는지 정확히 알고 있었다.

우리는 모두 너무나 가치 있는 존재들이다. 그래서 하나님께서는 우리를 자녀로 삼으시기 위해 예수님을 내어 주셨다. 우리는 이렇게 소중한 존재들이다. 물론 많은 사람이 이 사실을 머리로는 이해한다. 그러나 이 귀한 진리를 머리에 머무르는 것에 그치지 말고 마음속에 깊이 박아야 한다. 그러면 삶이 바뀌게 되고, 삶에 큰 변화가 일어난다. 자신을 보는 견해가 바뀌게 된다. 다른 사람이 알아주지 않아도 좋다. '하나님께서 가치를 인정해 주셨는데, 다른 사람이 좀 무시하면 어떤가?' 이런 생각을 가지고 예수님의 탄생을 바라보자. 내가 얼마나 존귀한 값을 치른 존재인지, 다시 한번 깊이 감사하자.

2천 년 전

이 땅에 오신 예수님은

하나님을 "아빠 아버지"라고

부를 수 있게 하셨다

15장
우리들의 이야기

―――― 누가복음 15:11~32 ――――

11 또 이르시되 어떤 사람에게 두 아들이 있는데
12 그 둘째가 아버지에게 말하되 아버지여 재산 중에서 내게 돌아올 분깃을 내게 주소서 하는지라 아버지가 그 살림을 각각 나눠 주었더니
13 그 후 며칠이 안 되어 둘째 아들이 재물을 다 모아 가지고 먼 나라에 가 거기서 허랑방탕하여 그 재산을 낭비하더니
14 다 없앤 후 그 나라에 크게 흉년이 들어 그가 비로소 궁핍한지라
15 가서 그 나라 백성 중 한 사람에게 붙여 사니 그가 그를 들로 보내어 돼지를 치게 하였는데
16 그가 돼지 먹는 쥐엄 열매로 배를 채우고자 하되 주는 자가 없는지라
17 이에 스스로 돌이켜 이르되 내 아버지에게는 양식이 풍족한 품꾼이 얼마나 많은가 나는 여기서 주려 죽는구나
18 내가 일어나 아버지께 가서 이르기를 아버지 내가 하늘과 아버지께 죄를 지었사오니
19 지금부터는 아버지의 아들이라 일컬음을 감당하지 못하겠나이다 나를 품꾼의 하나로 보소서 하리라 하고
20 이에 일어나서 아버지께 돌아가니라 아직도 거리가 먼데 아버지가 그를 보고 측은히 여겨 달려가 목을 안고 입을 맞추니
21 아들이 이르되 아버지 내가 하늘과 아버지께 죄를 지었사오니 지금부터는 아버지의 아들이라 일컬음을 감당하지 못하겠나이다 하나

22 아버지는 종들에게 이르되 제일 좋은 옷을 내어다가 입히고 손에 가락지를 끼우고 발에 신을 신기라
23 그리고 살진 송아지를 끌어다가 잡으라 우리가 먹고 즐기자
24 이 내 아들은 죽었다가 다시 살아났으며 내가 잃었다가 다시 얻었노라 하니 그들이 즐거워하더라
25 맏아들은 밭에 있다가 돌아와 집에 가까이 왔을 때에 풍악과 춤추는 소리를 듣고
26 한 종을 불러 이 무슨 일인가 물은대
27 대답하되 당신의 동생이 돌아왔으매 당신의 아버지가 건강한 그를 다시 맞아들이게 됨으로 인하여 살진 송아지를 잡았나이다 하니
28 그가 노하여 들어가고자 하지 아니하거늘 아버지가 나와서 권한대
29 아버지께 대답하여 이르되 내가 여러 해 아버지를 섬겨 명을 어김이 없거늘 내게는 염소 새끼라도 주어 나와 내 벗으로 즐기게 하신 일이 없더니
30 아버지의 살림을 창녀들과 함께 삼켜 버린 이 아들이 돌아오매 이를 위하여 살진 송아지를 잡으셨나이다
31 아버지가 이르되 얘 너는 항상 나와 함께 있으니 내 것이 다 네 것이로되
32 이 네 동생은 죽었다가 살아났으며 내가 잃었다가 얻었기로 우리가 즐거워하고 기뻐하는 것이 마땅하다 하니라

'탕자의 비유' 이야기는 잘 알려진 이야기 중 하나이다. 이 비유는 예수님이 제자들과 바리새인들에게 하신 말씀이다. 당시 종교지도자들은 예수님의 비유를 듣고 눈물을 흘리며 회개하기는커녕 도리어 화를 냈다. 예수님은 이 비유를 통해 바리새인과 종교지도자들이 자신의 영적 상태를 알고 회개하기를 원하셨다.

이 비유를 통해 죄와 행복에 관한 하나님의 관점을 배울 수 있다. 이 이야기는 세상에서 행복을 찾고자 하는 둘째 아들의 어리석음과 율법주의적인 삶을 살려고 하는 첫째 아들의 어리석음에 대해 말하고 있다. 예수님은 세상적으로 사는 사람들과 율법적으로 사는 사람들이 둘 다 영적으로 잘못되었다고 말씀하셨다. 이 두 길은 그 누구도 영생으로 인도하지 못한다. 이 이야기에 나오는 둘째 아들이나 첫째 아들과 같은 삶을 사는 사람들은 이 세상에 많다. 둘째 아들과 같은 사람들은 자유분방하고 자신들이 원하는 대로 살고자 하는 사람들이다. 그들은 교회를 떠나 세상에서 허랑방탕하게 산다. 첫째 아들과 같은 사람들은 주로 좋은 직장에서 일하고, 주일에 교회에 출석한다. 겉으로 보기에는 그럴듯하나 형식적으로 교회에 출석할 뿐, 주중에는 하나님과 상관없이 살아간다. 그러니 하나님 보시기에 이들은 둘 다 영적으로 길 잃은 사람들이다.

그러므로 예수님의 이 메시지에 대해 생각해 보자. 이 말씀은 죄에 대해, 행복에 대해, 또 당하는 문제에 대해 하나님의 관점에서 봐야 한다고 말한다.

1. 죄에 대해 바로 깨달으라 (11~32절)

많은 사람이 죄를 하나님에 대한 불순종이라고 정의한다. 하나님이 하지 말라고 했지만 행했다면 죄를 범한 것이다. 반대로 하나님이 하라고 하셨지만 행하지 않아도 역시 죄를 범한 것이다. 하지만 죄는 이보다 더 넓은 개념을 포함한다. 예수님은 이 비유를 통해 '하나님과 관계없이 하는' 모든 것들이 죄라고 말씀하신다.

비유 속에는 두 명의 아들이 나온다. 먼저 둘째 아들이 가장 원했던 것은 무엇인가? 그는 모든 것을 자기 뜻대로 결정하고 자신이 원하는 대로 살기 원했다. 그래서 그는 아버지에게 "아버지여, 재산 중에서 내게 돌아올 분깃을 내게 주소서!"라고 말했다. 그리고 그는 자신의 유산을 받아 아버지의 곁을 떠났다. 하나님을 떠나 세상에서 하나님과 관계를 맺지 않고 사는 삶이 바로 둘째 아들과 같은 삶이다.

또한 하나님께 불순종함으로 죄를 범할 수도 있지만, 하나님께 순종하면서도 죄를 범할 수 있다. 행동으로는 순종하면서 마음으로는 하나님께 불순종한다면, 그것은 하나님께 죄를 범하는 것이다. 비유 속에 나오는 첫째 아들의 삶이 바로 이러했다. 그는 아버지에게 자신이 여러 해 아버지를 섬겨 명을 어김이 없었다고 말한다. 그는 둘째 아들과 달리 아버지를 떠나지 않고 아버지의 집에 머물렀지만, 마찬가지로 아버지를 사랑한 것은 아니다. 그는 아버지의 재산을 원해서 아버지가 시키는 일을 할 수 없이 했지만, 아버지와의 관계를 누리지 못했다. 첫째 아들은 아버지 곁에 있었지만, 아버지와 관계없이 산 것이다.

오늘날 하나님 곁에 있으면서도 하나님과 관계없이 사는 사람이 얼마나 많은가? 그들은 주일에 교회에 출석하지만, 형식적인 예배를 드릴 뿐 그 마음에는 기쁨이 없다. 그들은 자신의 원하는 바를 하나님께 구하지만, 하나님의 뜻을 알고 싶어하지는 않는다. 그들은 "내가 하나님께 순종하면 하나님은 나의 기도를 응답해 주시고, 나와 내 가족을 축복해 주시고, 나에게 영생을 주실 것이다."라고 여긴다. 혹시 이렇게 살고 있다면 하나님 곁에는 있지만, 하나님과 관계없이 사는 것이다. 이런 사람들은 예수님을 도움이 필요할 때 돕는 분으로 생각하고, 주님으로는 생각하지 않는다. 이것이 바로 당시 바리새인들의 모습이었다.

두 아들들은 모두 아버지와의 관계보다 아버지의 재산을 더 중요하게 여겼다. 아버지와 함께하는 그 자체로 기뻐하지 못했다. 두 아들 모두 아버지를 사랑하지 않았다. 그러므로 그들은 둘 다 아버지께 죄를 범했다. 죄는 하나님의 말씀을 어기는 것만이 아니라 하나님 없이 사는 삶이다. 더 나아가 교회 안에서 겉으로는 순종하는 듯 보이지만, 사실 하나님과 관계없는 삶을 살고 있다면 그것 역시 죄다.

2. 행복에 대해 바로 깨달으라 (11~32절)

두 아들은 돈이 자신들을 행복하게 만들어 준다고 믿었다. 두 아들 모두 아버지와 함께함으로 행복을 누리기보다는 아버지와 관계없이 행복해지기를 원했다. 한 명은 자신의 마음대로 사는 길을 선택했고, 다른 한 명은 율법적으로 순종하며 사는 길을 선택했다. 그러나 그 결과는 어떠했는가? 이들 중 누구도 행복을 누릴 수 없었다.

둘째 아들은 자신이 원하는 것을 함으로써 행복해지려고 했다. 그는 아버지가 준 재산을 가지고 아버지를 떠나 자신이 원하는 삶을 살았다. 하지만 그는 아버지를 떠나 행복해지지 못했다. 재산을 모두 탕진한 채 어려운 지경에 빠졌다. 이처럼 하나님을 떠나 세상에서의 즐거움을 통해 행복해지고자 하는 사람들이 많다. 때로 이들은 자신이 원하는 것을 하기 위해 하나님의 말씀을 어길 뿐만 아니라 도덕과 윤리까지 무시하기도 한다.

이와 반대로 첫째 아들과 같이 율법적인 삶을 살면서 행복해지려는 사람들도 있다. 예수님 당시 바리새인들이 바로 이런 삶을 살았다. 이들은 구약을 공부하고 순종하는 삶을 살았지만, 하나님은 사랑하지 않고 오로지 하나님이 주시는 축복을 받기 위해 가식적으로 행동한 사람들이다. 이들은 행복해지기 위해 자신들의 행위를 통해 하나님의 축복을 얻고자 노력했다.

그러나 결국 두 종류의 사람들 모두 행복에 대해 잘못 이해하고 있다는 사실이다. 덴마크의 철학자 쇠렌 키르케고르Søren Aabye Kierkegaard는 다음과 같이 기록했다. "결혼해 보라. 실망할 것이다. 결혼하지 말라. 실망할 것이다. 결혼해도 실망할 것이고, 결혼하지 않아도 실망할 것이다." 그는 결혼이 아무 소용이 없는 것이라고 말한 것이 아니다. 그가 말하고자 하는 것은 하나님 없이 결혼을 통해 행복해지려고 한다면 실망한다고 말한 것이다. 우리는 하나님과 관계없이 다른 것으로 행복해질 수 없는 존재이다. 하나님 없는 참다운 행복이란 없다.

3. 문제의 해결책에 대해 바로 깨달으라 (11~32절)

이 세상에는 사회, 도덕, 정치, 경제, 종교, 가정 등 다양한 영역에 많은 문제가 있다. 사람들은 이 문제들 앞에서 서로를 구분하며 갈등한다. 두 아들의 비유에서는 세상의 문제에 대해 전혀 다르게 생각하는 두 시선을 발견할 수 있다. 하나는 첫째 아들과 같이 자신을 다른 사람들보다 선하고 도덕적인 존재로 인식하며 우월감에 빠져 있는 경우이다. 이들은 하나님의 율법을 어기고 죄를 짓는 사람들 때문에 이 세상의 문제들이 생긴다고 그들을 비난한다. 그러나 첫째 아들처럼 '내가' 율법적인 삶을 산다고 문제를 해결할 수 있는 것은 아니다. 다른 하나는 이 세상의 문제가 편견적이고 보수적인 사람들로 인해 생겨났다고 그들을 비난하며, 내 지혜와 내 실력과 세상의 방법으로 문제를 해결하고자 하는 경우이다. 그러나 이것도 역시 해결책이 될 수는 없다.

우리는 모든 문제의 해결책이 되시는 예수님께 집중해야 한다. 예수님은 첫째 아들과 같은 사람들에게 율법적인 삶에서 돌이키라고 부르신다. 또 둘째 아들과 같은 사람들에게는 세속적인 삶에서 돌이키라고 말씀하신다. 세상에는 다른 길이 필요하다. 우리는 예수님과의 관계를 통해 문제를 바라봐야 한다. 예수님의 메시지는 세상의 다른 메시지들과 완전히 다르다. 예수님의 복음은 듣는 그 사람이 종교적인지, 도덕적인지, 보수적인지 혹은 진보적인지 구분하지 않고 누구에게나 열려 있다. 성경은 "모든 사람이 죄를 범하였으매 하나님의 영광에 이르지 못하더니"라고 말한다(롬3:23). 그런데도 하나님은 이런 죄인들을 사랑하시며, 죄인들이 예수님을 통해 하나님께 나아갈 수 있음을 말하는 것이 바로 복음이다. 그러므로 우리는 예수님과의 관계를 통해서만 변화된 삶을 살 수 있다. 예수님 없이는 우리가 가진 그 어떤 문제도 해결할 수 없음을 깨달아야 한다. 하나님께서 그의 독생자 예수 그리스도를 이 땅에 보낸 이유가 바로 이것이다.

요즘 많은 사람은 자신들이 비종교적이거나 아니면 반종교적이라고 말한다. 그리고 그들은 기독교도 다른 세상의 종교들과 별 차이가 없다고 생각해 자신들은 다원론적 세속주의를 믿는다고 말한다. 그러나 기독교는 세상의 다른 종교들과 완전히 다르다. 처음부터 예수님은 하나님을 떠나 살던 죄인들을 영접해 주셨고, 독선적이고 율법주의적인 사람들을 거부하셨다. 예수님은 종교적이지 않은 사람들에게 환영받으셨고, 율법주의적인 사람들에게는 거절당하셨다.

그런데 문제는 바로 이것이다. 요즘 교회에는 왜 이와 같은 현상이 일어나지 않는가? 요즘에는 누가 교회에 나오는가? 보수적이고, 도덕적이고, 율법주의적인 사람들이 교회에 온다. 그리고 상처 입고 죄에 빠진 사람들은 교회에 오지 않는다. 만약 교회 안에서 예수님이 하셨던 일들이 일어나지 않는다면, 그것은 예수님께서 전했던 메시지와 다른 메시지를 전하고 있기 때문이다. 만일 둘째 아들들이 교회에 나오지 않고 있다면, 그것은 교회 안에는 많은 첫째 아들과 같은 사람들이 있다는 증거이다.

세상에서 둘째 아들과 같이 사는 사람들은 자신들은 하나님 없이 살 수 없다는 것을 인식해야 한다. 그리고 교회 안에 있는 첫째 아들과 같은 사람들도 자신들이 하나님 없이 살 수 없다는 것을 인식해야 한다. 둘 다 죄와 행복, 가지고 있는 문제에 해결사가 되시는 예수님께 나아와야 한다. 이 모든 것은 오로지 예수님과의 관계를 통해서만 해결할 수 있다. 그래서 예수님께서 2천 년 이 세상에 오신 것이다. 이것이 성탄절 이야기가 주는 환희의 메시지이다.

예수님 없이는

우리가 가진 그 어떤 문제도

해결할 수 없음을

깨달아야 한다

끝맺는 말

성탄절 이야기는 사람들에게 익숙하지만, 익숙하다고 해서 그 사건을 자신의 것이라고 받아들이지는 않는다. 그래서 많은 사람들이 성탄절 이야기를 알지만, 그 이야기가 자신들에게 어떤 영향을 주는지에 대해서는 알지 못한다. 예수님이 구세주라고 믿지 않는 사람들도 성탄절 이야기에 대해 알고 있지만 그 이야기를 자신과 연결 짓지 못하고 성탄을 2천 년 전에 일어난 역사적 사건만으로 여긴다.

성경에 기록된 성탄절 이야기를 통해 성탄은 한 번 있었던 사건으로 끝나는 것이 아니라 성탄 때문에 우리가 변화된 새로운 삶을 살 수 있음을 보았다.

아직도 예수님이 하나님이심을 믿지 못한다면 성경을 더 공부하며 예수님이 정말 메시아이신지 알아보아야 한다. 예수님이 모든 사람을 구원해 주시기 위해 오신 메시아라면 모든 것이 달라진다. 또 예수님께서 메시아이심을 이미 믿는 사람들은 성탄절 이야기 속에 담긴 의미를 삶 속에 적용해야 한다. 그래야 2천 년 전 이 땅에 탄생하신 예수님으로 인해 각 사람의 삶이 바뀌게 될 테니까 말이다.

이 책이 성탄절의 의미를 이해하는 데 도움이 되었기를 바란다. 2천 년 전 이 세상에 오신 예수님을 통해 새로운 삶을 사는 모두가 되길 기대한다.

부록: 소그룹 교재

부록에 첨부된 교재는 소그룹 모임에서 사용할 수 있도록 만들어졌습니다. 소그룹 출석원들은 모임 전에 각 장을 읽고 소그룹에 참석해야 합니다. 함께 모였을 때 요약된 장을 읽고, 수록된 질문들을 토론해야 합니다. 소그룹 인도자는 이 교재에 있는 내용을 충실히 활용해 모든 구성원이 내용을 잘 이해하고 적용하도록 인도해야 합니다. 교재를 가지고 함께 이야기 나누는 모든 분이 성탄의 의미를 깨달아 변화되는 삶을 살기를 소망합니다.

1장
마태의 이야기

—— 마태복음 1:1~17 ——

마태는 열두 제자 중 한 사람이었다. 그는 돈을 잘 벌던 세금 징수원이었으나 예수님이 부르셨을 때, 모든 것을 다 버리고 3년 이상 예수님을 따랐다. 그리고 그가 예수님에 대해 기록하기로 작정했을 때, 그는 예수님의 탄생 이야기 이전에 예수님의 족보를 기록하며 예수님에 관한 세 가지 중요한 사실을 말했다.

1. 예수님이 메시아이심을 믿으라 (1~17절)

마태는 족보의 구성을 통해 예수님이 다윗의 자손이라는 사실을 강조했다. 그는 족보를 세 부분으로 명확히 나누었다. 첫 번째 부분은 아브라함으로 시작해 다윗으로 끝나고, 두 번째 부분은 다윗으로 시작해서 다윗의 왕조가 끝남으로 마치고, 세 번째 부분은 바벨론 포로 생활의 시작부터 예수님의 오심으로 끝이 났다. 족보의 구조를 통해 예수님이 다윗의 자손이라는 사실을 강조한 것이다. 그 이유는 구약에서 이 세상을 구원하실 메시아가 다윗의 자손으로 오실 것임을 이미 말했기 때문이다(삼하 7:12~13, 사 9:6~7). 그래서 마태는 그의 복음서 시작부터 예수님이 자손으로 오신 메시아임을 분명하게 기록했다.

2. 예수님 안에서 새로운 삶을 살라 (1절)

구약은 히브리어로 기록됐다. 그런데 주전 2세기 때, 히브리어 구약을 70명의 학자가 헬라어로 번역했다. 구약에서는 '계보'라는 표현은 그 안에 두 번 나온다. 창세기 2장 4절에 천지가 창조될 때, 하늘과 땅의 내력과 하나님이 인간을 창조하신 사건을 기록할 때 계보를 언급한다. 또 아담의 계보를 적은 창세기 5장 1절에는 죄가 들어오면서 죽게 된 사람들의 이름들을 기록할 때 언급되었다. 이후 마태는 마태복음 1장 1절에 동일한 단어를 사용해 예수님께서 새로운 시작을 하셨음을 말했다. 즉 마태는 예수님께서 새 시대를 시작하셨기 때문에 우리가 예수님 안에서 새 삶을 살 수 있다는 사실을 말했다.

3. 예수님의 복음을 전하라 (1~2, 17절)

마태는 족보를 아브라함으로 시작하며 예수님께서 아브라함의 자손임을 강조했다. 이것은 하나님이 땅의 모든 족속이 아브라함의 자손을 통해 복을 얻을 것이라고 약속했기 때문이다(창 12:3, 22:18). '모든 민족'이나 '천하 만민'이라는 단어는 성경에서 매우 드물게 사용된다. 그리고 이 단어는 마태복음 끝부분에 예수님이 주신 지상명령에 나온다(마 28:18~20). 예수님은 아브라함에게 하신 약속을 성취하신 분이다. 그는 단지 유대인들만을 축복하기 위해 온 것이 아니고, 모든 민족을 축복하기 위해 오셨다. 아브라함의 자손이신 예수님은 모든 민족이 복을 받는 수단이기 때문에 우리는 모든 민족에게 예수님의 복음을 전해야 한다.

토론 질문

1. 예수님이 다윗의 자손이심이 왜 중요한가?

2. 예수님은 어떻게 새로운 시대를 시작하셨나?

3. 예수님을 통해 어떤 새로운 삶을 살 수 있는가?

4. 예수님이 아브라함의 자손임이 중요한 이유가 무엇인가?

5. 예수님이 온 민족을 축복해 주시기 위해 오셨다는 사실을 어떻게 알 수 있는가?

6. 적용하기로 결심한 것은 무엇인가?

2장
요셉의 이야기

―― 마태복음 1:18~25 ――

요셉은 훌륭한 믿음의 사람이었다. 그러므로 하나님은 요셉에게 예수님의 육신의 아버지 역할을 맡기셨고, 예수님의 어린 시절을 그에게 부탁하셨다. 하나님은 요셉의 이야기를 성경에 기록함으로 모두가 요셉의 믿음을 본받게 하셨다. 그렇다면 하나님이 여러 믿는 사람 중 요셉을 선택한 이유는 무엇이었을까? 그는 다른 남자들과 어떻게 달랐을까?

1. 죄를 멀리하는 삶을 살라 (18~19절)

요셉은 의로운 사람이었다. 그는 하나님이 원하시는 대로 하나님의 뜻을 따라 살았다. 그런데 자신과 약혼한 마리아가 임신했다. 요셉은 그 아이가 자신의 아이가 아님을 분명히 알고 있었다. 요셉의 생각에 마리아는 부도덕한 죄인이니 마리아와 파혼하기로 작정한다. 그가 파혼하려 한 이유는 그가 죄를 가까이하지 않기 위해서였다. 그는 모든 죄와 죄인에게서 자신을 멀리하고 하나님 앞에서 의로운 생활을 하기로 작정한 사람이었다. 우리도 요셉처럼 죄와 우리를 죄로 이끄는 사람들을 멀리해야 한다.

2. 다른 사람들을 은혜로 대하라 (19절)

요셉이 마리아가 임신한 것을 들었을 때 어떻게 느꼈을지 상상해 보자. 아기를 가진 것은 다른 남자와 관계가 있었음을 말해준다. 그녀는 짓지 말아야 할 죄를 지었다. 그는 아마도 화가 나서 마리아에게 따지고 싶은 마음이 들었을지도 모른다. 또한 그가 마리아를 찾아가서 화를 낸다고 해도 그 누가 그를 탓하겠는가? 그러나 요셉은 믿음의 사람이라 자신의 감정대로 행동하지 않았다. 그는 공개적으로 마리아에게 창피와 모욕을 줄 수도 있었지만, 마리아를 은혜로 대하기로 했다. 그는 믿음의 사람으로 죄는 미워해도 죄인은 사랑한 것이다. 우리는 요셉의 믿음을 본받아 죄는 용납하지 않아도 죄지은 사람은 용서하고 사랑해 줘야 한다. 하나님이 우리에게 그렇게 하신 것처럼 모두를 은혜로 대해야 한다.

3. 하나님께 순종하라 (20~25절)

천사가 요셉에게 찾아와 마리아의 임신이 성령으로 잉태된 것임을 알려 주었다. 요셉은 자신의 체면보다 마리아의 남편이 되고 아이를 키우는 책임을 마음에 두었다. 그는 믿음으로 자신이 창피당할 것과 사회적으로 어렵게 될 것을 생각하지 않고 마리아와 결혼을 하기로 했다. 그가 이렇게 할 수 있었던 이유는 하나님께 순종하는 믿음 때문이다. 물론 이렇게 하는 것은 결코 쉽지 않은 일이다. 우리는 요셉을 본받아 어떤 어려운 경우에도 하나님께 순종해야 한다. 하나님께 순종하지 않으면, 하나님께 영광을 돌릴 수가 없고 남을 위해서나 나를 위해서 가장 좋은 것을 할 수 없다.

토론 질문

1. 혹자는 왜 마리아의 신앙은 존경하고, 요셉의 신앙은 존경하지 않는가?

2. 어떻게 해야 죄를 멀리하는 삶을 살 수 있는가?

3. 죄는 용납하지 않아도 죄인은 사랑할 방법은 무엇인가?

4. 요셉과 같은 상황을 당하면 어떻게 하겠는가?

5. 어떤 경우에 하나님께 순종하기가 어려운가?

6. 적용하기로 결심한 것은 무엇인가?

3장
동방박사들의 이야기

―― 마태복음 2:1~12 ――

큰 기대를 하고 시작했는데 결과가 좋지 않아 실망할 때가 있다. 이때 어떻게 해야 하는가? 사람들은 큰 기대에 부풀어 학교에 가고, 유학을 떠나고, 직장을 다니고, 결혼하고, 사업을 시작한다. 그런데 원치 않은 결과 때문에 크게 실망하기도 한다. 이럴 때 무엇을 해야 하는가? 동방박사들은 큰 기대를 하고 별을 쫓아 길을 떠났다. 그런데 그들은 궁궐에 도착한 것이 아니라 마구간 앞에 도착했다. 왕 앞에 온 것이 아니라 목수의 아들 앞에 와 있었다. 그러나 그들은 실망하거나 낙심하지 않았다. 별을 쫓다가 마구간과 같은 곳에 서 있을 때, 우리는 동방박사들의 행동을 닮아야 한다.

1. 그곳에 함께 계신 하나님을 보라 (11상절)

동방박사들은 큰 기대를 하고 길을 떠났다가 마구간 앞에 섰다. 그리고 그들은 그곳에서 예수님을 보았다. 지혜로운 사람들은 어려운 일을 만날 때 당황하지 않는다. 왜냐하면 그들은 어려운 환경 가운데에서도 그들과 함께하시는 하나님을 보기 때문이다. 그러나 지혜 없는 사람은 모든 환경이 좋을 때만 하나님을 본다. 이것이 지혜 있는 사람과 지혜 없는 사람의 차이이다. 혹시 큰 기대를 하고 별을 쫓다가 마구간에 도착했는가? 그렇다면 그곳에도 계시는 하나님을 봐야 한다.

2. 가장 좋은 것을 하나님께 드리라 (11하절)

동방박사는 왕을 찾아왔는데 목수의 아들 앞에 서게 되었다. 그들은 실망한 나머지 가지고 온 예물을 도로 가져가거나 아니면 가지고 온 예물 중 일부만 드리고 갈 수도 있었다. 그러나 동방박사는 그들의 가장 좋은 것을 모두 다 예수님께 바쳤다. 생각해 보자. 사람들은 낙심되는 일을 당하면 그저 대강 넘어가고자 하는 유혹을 받는다. 만약 별을 쫓다가 동방박사들처럼 마구간 앞에 서게 되면 자신이 가진 최고의 것을 드리려고 하지 않는다. 그러나 하나님을 믿는 지혜로운 사람은 어떤 환경에서도 자신의 최고의 것을 하나님께 드린다. 그러므로 별을 쫓다 마구간 앞에 멈춰 섰더라도 낙심하지 말고 가장 좋은 것을 하나님께 드려야 한다.

3. 하나님께 방향제시를 받으라 (12절)

동방박사들은 마구간에 누워있는 아기 예수님을 보았다. 그 후 그들은 그들이 가고자 하던 방향이 아니라 하나님의 지시를 받아 다른 길로 고국에 돌아갔다. 삶 가운데 마구간과 같은 곳에 와서 보고 듣고 경험한 것들 때문에 삶의 방향이 바뀐 것을 경험해 봤는가? 혹시 큰 희망을 품고 별을 쫓다가 마구간과 같은 장소에 도착해 낙심하고 있다면, 하나님께 방향 제시를 받아야 한다. 그래야만 하나님께서 원하시는 길로 갈 수 있다.

토론 질문

1. 때로 어떤 일로 낙심할 수 있는가?

2. 낙심되는 상황이 찾아올 때 어떤 생각을 하게 되는가?

3. 어려운 일을 당할 때 누구를 가장 먼저 찾아야 하는가?

4. 낙심되는 순간에도 하나님께 온전히 예배할 수 있는가?

5. 하나님의 방향 제시를 받기 위해 해야 할 것들은 무엇인가?

6. 적용하기로 결심한 것은 무엇인가?

4장
헤롯 왕의 이야기

— 마태복음 2:1~18 —

헤롯은 유대의 왕이었다. 그는 매우 똑똑하고, 정치적으로도 뛰어난 실력을 갖추고 있었다. 뛰어난 실력만큼 야심 또한 아주 큰 사람이었다. 그러나 그의 야심은 결국 그를 망하게 했다. 헤롯은 새로운 유대의 왕이 태어났다는 소식을 듣고, 자신의 자리가 위협받을 수 있다고 생각했다. 이러한 생각은 남자아이 학살이라는 끔찍한 악행을 저지르게 했다. 이런 야심은 모두에게 있다. 그러므로 헤롯의 행동을 통해 중요한 진리들을 깨달아야 한다.

1. 하나님을 이용하려 하지 말고 예배하라 (7~11절)

헤롯 왕은 동방박사에게 메시아를 찾거든 자신도 경배하러 가기를 원하니 꼭 돌아와 말해 달라고 부탁했다. 그러나 그것은 아기 예수님을 죽이려는 계략에 불과했다. 헤롯은 동방박사를 이용해 아기 예수님을 죽이고, 자신의 왕위를 견고하게 지키고자 했다. 모두에게는 헤롯과 같은 기질이 있다. 자신의 수단과 방법으로 조정해 자신을 보호하고 보존하고자 한다. 또 하나님을 사용해 자신이 원하는 것을 성취하려고 한다. 그러나 하나님을 자신의 유익을 위해 이용하려 해서는 안 된다. 오직 하나님께 온전히 헌신하는 믿음의 사람이 되어야 한다.

2. 하나님을 대적하려 하지 말고 순종하라 (12~16절)

동방박사는 하나님의 명령에 따라 헤롯 왕에게 돌아가지 않았다. 하나님은 요셉에게도 찾아와 아기와 마리아를 데리고 애굽으로 피하라고 말씀하셨다. 이를 들은 요셉은 하나님의 말이 끝나자마자 즉각 순종해 떠났다. 헤롯은 자신의 위치를 지키기 위해 베들레헴에 사는 남자아이들을 모두 학살하며 하나님께 대적했다. 이런 헤롯의 계략에도 하나님은 그분의 뜻을 이루셨다. 이처럼 어떤 반대와 대적이 있어도 하나님의 뜻은 반드시 이루어진다. 하나님의 뜻에 순종하면 하나님이 주시는 축복을 경험하게 되지만, 하나님의 뜻에 대적하면 하나님이 주시는 축복을 잃게 된다.

3. 자신의 왕국이 아닌 하나님의 왕국을 만들라 (15상절)

헤롯은 오래 살기 위해 발버둥을 쳤으나 결국 죽었다. 헤롯 왕은 자신의 나라를 건설하려고 하다가 완전히 망한 사람이다. 또 그는 하나님의 나라가 건설되는데 악한 일을 도모한 사람으로 영원히 남게 되었다. 그러므로 우리는 자신의 왕국을 만들려 하지 말고 하나님의 왕국을 만들어 가야 한다. 그래서 예수님께서는 마태복음 6장 33절에 '너희는 먼저 그의 나라와 그의 의를 구하라'고 가르쳐 주신 것이다. 그런데도 많은 사람은 하나님의 나라를 세우기보다는 자신의 나라를 세우는데 더 관심을 둔다. 자신의 왕국을 만들려고 한다면 헤롯과 같이 망하게 되는데도 말이다.

토론 질문

1. 내가 가지고 있는 헤롯과 비슷한 기질은 무엇인가?

2. 하나님을 나의 욕심을 채우는 수단으로 사용한 적이 있는가?

3. 하나님을 대적하는 이유가 무엇인가?

4. 하나님을 대적하면 어떤 결과를 당하게 되는가?

5. 하나님의 왕국보다 자신의 왕국을 만들려고 한 적이 있었는가?

6. 적용하기로 결심한 것은 무엇인가?

5장
누가의 이야기

―― 누가복음 1:1~4 ――

예수님이 2천 년 전에 베들레헴에 태어나셨다고 믿는 증거들이 무엇인가? 예수님이 성경대로 2천 년 전에 베들레헴에 태어나셨다면, 이 사실은 현대인들에게 어떤 의미를 주는가? 또 이것이 사실이라면, 우리는 어떻게 살아야 하는가? 누가복음을 기록한 누가는 이런 질문들에 대해 이렇게 답한다.

1. 이루어진 사실들을 점검해 보라 (1절)

누가는 자신이 기록한 것이 신화라고 말하지 않았다. 오히려 그는 이루어진 사실들을 기록했다고 말했다. 그는 자신이 기록한 사실들은 이미 구약에서 예언되었고, 그 예언들이 예수님을 통해 이루어졌다고 말한다. 이것이 바로 예수님이 인간을 구원하시기 위해 이 땅에 오신 메시아임을 믿는 첫 번째 증거이다. 그러므로 우리는 예수님을 통해 이루어진 예언의 사실성을 점검해 봐야 한다. 구약에 예언된 예수님에 대한 예언들이 예수님 안에서 어떻게 이루어졌는지 살펴보면 예수님께서 구세주임을 믿게 될 것이다.

2. 성경을 기록한 사람들의 증언을 살펴보라 (2~3절)

누가는 데오빌로에게 자신이 기록한 내용은 떠돌아다니는 소문이라고 말하지 않았다. 그는 예수님과 함께 지내며 예수님이 행하시는 기적을 직접 보았고, 예수님의 말씀을 직접 들은 사람들의 증언을 자세히 미루어 살펴보았다고 말했다. 이곳에서 '살펴보았다'는 의미는 '조사해 보다' 혹은 '수사해 보다'라는 뜻을 갖는다. 그가 모든 사람의 간증을 면밀히 검증했다는 얘기다. 그러므로 우리도 다른 사람들의 증언을 자세히 살펴봐야 한다. 첫째로 성경을 통해 성경을 기록한 사람들의 증언을 자세히 살펴봐야 한다. 둘째로 주위 사람들의 증언을 자세히 살펴봐야 한다. 그럴 때 예수님께서 메시아이심을 믿게 된다.

3. 다른 사람들이 확실한 신앙을 갖도록 도우라 (4절)

데오빌로는 예수님에 대해 이미 알고 있었다. 그러나 누가는 예수님을 직접 목격한 사람들이 증언한 것을 모아 이 복음서를 기록하여 그에게 보냈다. 그 이유는 데오빌로가 믿는 것을 더욱 확실히 믿게 하기 위해서였다. 그러므로 예수님에 대한 예언이 이루어진 것을 알고, 성경의 증언과 다른 사람들의 증언을 들어야 한다. 이런 과정을 통해 믿음에 대한 확신을 얻고, 다른 사람들도 예수님을 확신할 수 있게 도와줘야 한다. 그런데 많은 기독교인의 문제는 예수님께서 메시아임을 믿기는 믿는데 그것을 잘 설명하지 못한다는 것이다. 예수님의 제자들은 먼저 확실한 믿음을 갖고, 또 다른 사람들이 확실한 신앙을 갖도록 도울 수 있어야 한다.

토론 질문

1. 구약의 메시아에 대한 예언을 예수님께서는 어떻게 이루셨는가?

2. 구약에 메시아에 대한 예언이 예수님을 통해 이뤄진 것이 왜 중요한가?

3. 신약을 기록한 저자들은 예수님에 대해 무엇이라고 간증했는가?

4. 예수님이 하나님이심을 다른 사람들에게 어떻게 설명할 수 있는가?

5. 다른 사람들의 믿음을 확고하게 도울 방법은 무엇인가?

6. 적용하기로 결심한 것은 무엇인가?

6장
사가랴의 이야기

— 누가복음 1:5~17 —

하나님은 죄에 빠진 인간들에게 메시아가 오실 것을 약속해 주셨다. 사람들은 이 약속이 이루어지기를 기다렸다. 이들은 매일 하나님의 명령에 순종하며 메시아가 오실 것을 준비했다. 사가랴가 바로 그중 한 사람이었다. 오늘날 그리스도인은 예수님의 초림을 기다리던 사가랴처럼 다시 오실 예수님을 고대하며 준비된 삶을 살아야 한다.

1. 예수님을 기다리며 의로운 삶을 살라 (5~6절)

사가랴는 하나님 앞에서 의인으로 주의 모든 계명과 규례대로 행했던 흠 없는 사람이었다. 그는 최선을 다해 하나님의 계명과 규례대로 행하는 삶을 살았다. 왜냐하면 그는 하나님께서 몇백 년 전에 약속해 주신 메시아가 오실 것이라는 약속을 믿었기 때문이다. 사가랴는 오늘이라도 메시아가 오실 수 있다는 생각으로 하루하루를 흠이 없는 의인의 삶을 살았다. 그는 메시아가 언제 오더라도 기쁘게 맞을 수 있도록 준비된 삶을 살았다. 그렇게 사가랴가 예수님의 초림을 기다리며 의로운 삶을 산 것과 같이, 우리도 예수님의 재림을 기다리며 의로운 삶을 살아야 한다.

2. 예수님을 기다리며 소망을 잃지 말라 (7~13절)

사가랴와 엘리사벳이 의로운 사람들이었음에도 하나님께서는 그들에게 자식을 주지 않으셨다. 그들은 열심히 기도했지만, 자식은 생기지 않았다. 그러나 하나님은 그들의 기도를 듣고 계셨다. 그들의 기도를 응답할 가장 좋은 때를 기다리신 것이다. 마침 사가랴가 하나님 앞에서 제사장의 직무를 행하게 되었다. 주의 성전에 들어가 분향하는 사람을 제비뽑기하였는데 사가랴가 뽑혔다. 이것은 우연히, 혹은 운이 좋아서 뽑힌 것이 아니다. 역사를 주관하시는 하나님께서 하신 일이다. 그러므로 하나님께서 침묵하신다고 해서 듣지 않는 것이 아니다. 하나님은 가장 좋은 때를 기다리고 계신다. 그러므로 예수님이 기다리게 하실 때도 항상 소망을 잃지 말아야 한다.

3. 예수님을 기다리며 기대하지 못하는 것들을 기대하라 (14~17절)

천사는 엘리사벳이 아들을 잉태할 것이고, 그의 이름을 요한으로 하라고 말했다. 이 당시 요한이라는 이름은 흔한 이름이었다. 그러나 사가랴와 엘리사벳에게 태어날 요한은 흔한 사람이 아니었다. 그가 바로 예수님께서 오시는 길을 준비했던 세례 요한이다. 사가랴와 엘리사벳은 그저 평범한 아기를 원했지만, 하나님께서는 그들이 상상하지도 못할 엄청난 일을 계획하고 계셨다. 이처럼 하나님께서 역사하실 때는 기대하지도 못하고, 상상하지도 못한 큰일을 하신다. 그러므로 우리는 예수님을 기다리며, 기대하지 못하는 것들을 하나님께 기대하며 살아야 한다.

토론 질문

1. 예수님의 재림을 두려워하는 까닭은 무엇인가?

2. 의로운 삶을 사는 것이 어려운 이유는 무엇인가?

3. 지금 바라고 소망하는 것이 무엇인가?

4. 우리가 소망해야 할 것들이 무엇인가?

5. 하나님께서 기대하지 못했던 일들을 이루어 주셨던 경험이 있는가?

6. 적용하기로 결심한 것은 무엇인가?

7장
마리아의 이야기

―― 누가복음 1:26~38 ――

마리아는 마을에서 유명인이 아니었다. 마리아라는 흔한 이름만큼 그저 평범한 사람이었다. 그런데 그 마리아가 다른 사람들과 어떤 점이 다르길래 성탄절마다 많은 사람의 주목을 받는 걸까? 그리고 왜 많은 사람이 마리아를 존경하는가? 왜 하나님께서는 이 여인을 통해 예수님을 이 땅에 보내셨는가? 마리아의 이야기를 살펴보면, 그녀에게 본받아야 하는 중요한 신앙이 있었다는 것을 알 수 있다.

1. 겸손한 신앙을 가져라 (26~27절)

세상의 눈으로 본다면 마리아는 별로 중요한 사람이 아니었다. 그녀는 아무것도 모르는 10대의 한 소녀였다. 마리아는 자신이 나사렛에 살던 다른 가난한 사람들처럼 가난한 남자에게 시집을 가서 여러 명의 아기를 낳고 가난하게 살다가 아무도 모르게 죽으리라고 예측했을 것이다. 그러나 그 당시 가장 중요한 소식은 가장 겸손한 사람에게 주어졌다. 이것이 성경이 말하는 중요한 영적 진리이다. 하나님께서는 언제나 겸손한 사람을 사용하신다. 하나님은 자신의 부족함을 알고 자신을 낮추는 사람을 사용하신다. 그러므로 하나님께 쓰임 받는 사람이 되기 위해 마리아의 겸손한 신앙을 본받아야 한다.

2. 개인적 신앙을 가져라 (28~30절)

가브리엘은 마리아에게 "주님께서 너와 함께하시도다"라고 말했다. '너와 함께한다'는 말은 마리아의 신앙은 그저 종교적인 것이 아니었다는 것을 보여준다. 그녀의 신앙은 살아있었고, 삶 속에 나타나는 개인적 신앙이었다. 즉 그녀는 하나님과 개인적인 교제를 맺으며 살았다. 하나님과의 교제는 기독교가 다른 종교들과 갖는 중요한 차이이다. 하나님은 인격체이기 때문에 우리가 하나님을 영접할 때 하나님과 인격적인 관계를 형성하게 된다. 그러므로 각각의 사람들은 하나님과 맺은 개인적인 관계와 개인적인 신앙이 있어야 한다. 그런데도 오늘날 많은 그리스도인은 하나님과 개인적인 체험과 교제 없이 산다. 하지만 예수님의 제자들은 마리아처럼 하나님과 교제하며 살아야 한다.

3. 담대한 신앙을 가져라 (31~38절)

천사가 나타나기 전까지만 해도 마리아는 결혼 준비에 바쁘지만 설레고 행복한 시간을 보냈을 것이다. 그런데 천사의 메시지는 마리아의 삶을 완전히 바꿔 놓았다. 마리아에게는 하나님의 뜻에 순종하기 위해 겪어야만 하는 수많은 어려움이 있었다. 그런데도 그녀는 하나님의 뜻에 따르기로 담대히 결심했고 또한 순종했다. 하나님의 마음을 아주 기쁘시게 한 것이다. 하나님은 그의 뜻에 담대히 순종하는 사람들을 찾고 계신다. 이런 마리아의 담대한 믿음을 본받아야 한다.

토론 질문

1. 마리아의 어떤 점이 사람들에게 존경받는가?

2. 하나님은 왜 겸손한 사람을 사용하시는가?

3. 내가 겸손해야 할 부분은 무엇인가?

4. 하나님과 개인적 교제를 갖기 위해 무엇을 해야 하는가?

5. 하나님께 순종하기 위해 희생한 것은 무엇인가?

6. 적용하기로 결심한 것은 무엇인가?

8장
성탄절 성화의 이야기

—— 누가복음 2:1~14 ——

해마다 성탄절이 되면, 예수님의 탄생을 보여주는 그림들이나 전시물들을 쉽게 볼 수 있다. 너무 많이 보는 탓에 보통 많은 사람은 이런 성화들을 생각 없이 그냥 스쳐 지나간다. 하지만 예수님의 탄생을 보여주는 이런 그림들이나 전시물들을 자세히 봐야 한다. 무심코 지나쳤던 예수님의 탄생 성화를 세밀히 살펴보면, 예수님 탄생에 대한 중요한 진리를 깨달을 수 있다.

1. 예수님께서 이해하심을 믿으라 (7절)

예수님이 태어난 곳을 보라. 그곳은 고급 호텔이나 병원이 아니고, 마구간이었다. 그곳은 냄새나는 가축들이 있는 곳이다. 게다가 어둡고, 축축하고, 지저분했다. 이제 막 태어난 아기가 있기에는 아주 부적합한 장소이다. 그런데 왜 하나님께서는 예수님을 마구간에서 태어나시게 했는가? 하나님은 예수님이 이 세상의 어려움을 경험하도록 하셨다. 그 이유는 권력이 있는 왕이나 돈이 많은 부자들은 현실을 이해할 수 없기 때문이다. 예수님은 우리가 겪는 모든 어려움을 지식적으로만 이해하시는 것이 아니라 직접 경험으로 아시고 이해하신다.

2. 예수님께서 변화시키심을 믿으라 (7절)

예수님은 태어나셔서 구유에 누이셨다. 구유는 가축들에게 먹이를 주는 여물통에 불과하다. 그저 값싸고 간단하게 만들어진 평범한 물건이다. 하지만 하나님의 아들이 구유에 누었다는 사실 때문에, 그 평범하던 구유는 갑자기 존귀하게 변했다. 그 구유가 지금 존재한다면 아마도 경매에서 엄청난 가격에 팔릴 것이다. 예수님은 평범한 여물통을 존귀하게 바꾸셨다. 가축들의 여물통을 왕의 침대로 바꾸셨다. 예수님을 받아들일 때 우리의 인생도 존귀하게 바뀌게 된다. 우리는 모두 예수님으로 인해 지극히 평범한 존재에서 지극히 귀중한 존재로 변할 수 있다.

3. 하나님께서 인도하심을 믿으라 (8절~12절)

하나님은 천사에게 명령하셔서 양치는 목자들에게 예수님의 탄생을 알리게 하셨다. 그리고 이 천사는 목자들을 아기가 있는 곳으로 인도해 주었다. 그러므로 천사와 목자는 하나님이 항상 그를 찾는 사람을 인도하신다는 것을 상징한다. 역사를 살펴보면 하나님은 항상 그를 찾는 사람들에게 방향을 제시해 주셨다. 하나님을 떠나 살았던 사람들에게 인도자를 보내 주셔서 예수님 앞으로 인도해 주셨다. 이 세상에서 사는 동안 하나님은 우리에게 꾸준히 인도자들을 보내주신다. 그래서 하나님께서 보내주시는 인도자들에게 조금 더 민감하게 반응해야 한다.

토론 질문

1. 예수님의 성육신은 왜 중요한가?

2. 예수님께서 사람의 어려움을 이해한다는 것을 어떻게 알 수 있는가?

3. 하나님을 마음에 담을 때 어떤 변화가 일어나는가?

4. 건강한 자존감을 가질 수 있는 이유가 무엇인가?

5. 하나님께서는 그의 자녀들을 어떻게 인도해 주시는가?

6. 적용하기로 결심한 것은 무엇인가?

9장
목자들의 이야기

—— 누가복음 2:8~20 ——

목자들은 예수님의 친척이나 친구나 이웃이 아니었다. 그런데 그들이 어떻게 예수님이 탄생하신 곳에 오게 되었는가? 그리고 그곳에서 무엇을 했는가? 예수님 당시 목자들은 매우 천대받던 사람들이다. 그런데 그런 사람들이 어떻게 성탄절 장면에 나오게 되었는가? 그 목자들을 통해 하나님께서 가르쳐 주시는 성탄절의 의미가 무엇인가?

1. 하나님께서 하신 일을 믿으라 (8~16절)

밤늦게 양 떼를 돌보던 목자들에게 갑자기 천사가 나타났다. 아마도 그들은 잠이 확 깼을 것이고 무서웠을 것이다. 천사는 그들에게 무서워하지 말라고 말하며 온 인류를 구원하실 구세주가 태어나셨다는 엄청난 사실을 전해주었다. 이 소식을 들은 목자들은 어떻게 반응했는가? 이들은 '이루어진 일'을 보러 갔다. 원어 헬라어 성경에 '이루어진 일'을 현재형으로 기록한 것은 천사가 예수님의 탄생 메시지를 전해주자 목자들은 그 일을 직접 보지는 않았어도 믿었다는 뜻이다. 그래서 그들은 '이루어진 일'을 보기 위해 예수님을 찾아갔다. 우리 역시 성탄절을 바르게 맞이하기 위해 성탄절 이야기를 믿어야 한다.

2. 성탄의 메시지를 전하라 (17~19절)

이 당시 목자들은 매우 천대받는 직업을 가진 사람들이었다. 그들이 하는 일 때문에 부정해서 성전에 들어갈 수도 없었고, 거짓말을 잘한다는 평판 때문에 법정에서 증언도 할 수 없는 사람들이었다. 그러나 그렇게 천대받던 사람들이 천사로부터 성탄절 메시지를 듣고, 또 된 일을 본 후 조용히 있을 수 없었다. 그들은 자신들이 경험한 것을 다른 사람들에게 전했다. 이 목자들과 같이 성탄절 메시지를 믿은 후에는 그 메시지를 다른 사람들에게 전해야 한다. 왜냐하면 예수님에 대한 소식을 전하지 않는다면 다른 사람들은 성탄절의 기쁜 소식을 들을 수 없기 때문이다.

3. 하나님께 영광을 드리라 (20절)

목자들은 아기 예수님의 탄생에 대해 다른 사람들에게만 이야기한 것이 아니라 하나님께도 이야기했다. 그들은 하나님께 감사드리고 예수님을 이 땅에 보내신 것에 대해 예배드렸다. 이들처럼 성탄절을 바르게 보내기 위해 성탄절을 주신 하나님께 영광을 드리며 보내야 한다. 이것은 인간을 사랑하셔서 그의 독생자를 이 땅에 보내신 하나님께 마땅히 할 바이다. 성탄절 때 가족들과 시간을 보내는 것도 좋다. 많은 선물을 주고받는 것도 좋다. 맛있는 음식을 많이 먹는 것도 좋다. 그러나 가장 중요한 것은 하나님께 예배드리는 것이다. 왜냐하면 성탄절은 예수님의 탄생을 기념하는 날이기 때문이다.

토론 질문

1. 예수님 당시, 목자들은 사회적으로 어떤 대우를 받던 사람들이었는가?

2. 하나님의 하신 일을 믿지 않는다면 왜 성탄절을 바르게 맞이할 수 없는가?

3. 성탄절의 기쁜 소식을 전해야 할 대상은 누구인가?

4. 예수님의 복음을 전하기 위해 해야 할 것이 무엇인가?

5. 성탄절 때 하나님께 어떻게 영광을 돌릴 수 있는가?

6. 적용하기로 결심한 것은 무엇인가?

10장
안나와 시므온의 이야기

—— 누가복음 2:22~38 ——

어떻게 예수님을 기다리는 삶을 살아야 하는가? 안나의 이야기를 통해 이 답을 찾을 수 있다. 안나는 메시아가 오실 것을 기다리며 산 여인이었다. 그녀는 예수님이 오실 것을 믿고, 그의 오심을 기다리고 기다리고 또 기다리는 삶을 살았다. 그녀의 이런 기다림의 삶은 우리에게 매우 중요한 것을 가르쳐 준다. 안나가 예수님의 초림을 기다렸던 것과 같이 오늘날 그리스도인은 예수님의 재림을 기다리며 살아가고 있다. 그러므로 안나가 예수님을 기다리는 삶을 산 것처럼 우리도 예수님을 기다리는 삶을 살아야 한다.

1. 예수님을 소망하는 삶을 살라 (36~37상절)

세상의 눈으로 보면, 안나는 매우 불행한 삶을 살았다. 그녀는 결혼한 지 7년 만에 남편이 죽는 슬픔을 경험했다. 또 그녀는 나이가 많았으나 자신을 돌봐 줄 자녀도 없었다. 그러나 이런 어려움 가운데 그녀는 소망을 잃지 않았다. 그녀는 메시아가 오실 것을 믿으며 예수님을 소망으로 삼았기 때문이다. 안나처럼 우리는 예수님이 다시 오실 것을 믿는 소망으로 살아야 한다. 우리의 궁극적인 소망의 이유는 오직 예수님뿐이다.

2. 하나님을 예배하는 삶을 살라 (37하절)

안나는 성전에서 예배드리는 시간에만 예배를 드린 것이 아니라 삶 가운데도 예배를 이어갔다. 그녀는 주야로 끊임없이 금식하며 하나님께 기도하고 예배했다. 그렇다면 가정을 돌보고, 직장에서 일하는 사람들은 어떻게 끊임없이 하나님께 예배를 드릴 수 있는가? 어떤 사람들은 예배란 주일에 교회에서 찬양하고, 설교를 들으며, 기도하는 것으로 생각한다. 물론 예배에 이런 행위들도 포함되지만, 예배는 더 포괄적인 것이다. 무엇을 하든 그것을 하나님의 영광을 위해서 하면 그것이 바로 예배를 드리는 것이다(고전 10:31). 안나와 같이 우리는 모든 것을 통해 하나님께 끊임없이 예배드리는 삶을 살아야 한다.

3. 복음을 전하는 삶을 살라 (22~35, 38절)

안나와 시므온은 예수님의 부모가 모세의 율법대로 정결 예식을 행하기 위해 아기 예수를 데리고 예루살렘에 왔을 때, 아기 예수님을 뵙고 그가 바로 구약에서 약속한 우리의 죄를 속량하러 오신 그 메시아이심을 모든 사람에게 선포했다. 이들은 이 기쁜 소식을 성전에 있던 모든 사람에게 전했다. 안나처럼 예수님의 제자들은 2천 년 전에 이 세상에 오신 예수님에 대해 증거해야 한다. 먼저 전도할 대상들에 대해 생각해 보고, 그 사람들을 위해 기도해야 한다. 하나님이 그들의 마음을 열어 주시기를 기도하고, 또 전도할 기회가 주어지도록 기도해야 한다. 그리고 그 기회가 있으면 최선을 다해 담대히 예수님에 대해 증거해야 한다.

토론 질문

1. 예수님의 재림을 어떻게 믿을 수 있는가?

2. 어려움 가운데도 소망을 잃지 않을 수 있는가?

3. 어떤 방법들로 하나님께 예배드릴 수 있나?

4. 전도의 대상이 누구인가?

5. 그들에게 어떤 방법들을 통해 전도할 수 있나?

6. 적용하기로 결심한 것은 무엇인가?

11장
요한의 이야기 1

—— 요한복음 1:1~3, 14~18 ——

요한은 예수님이 탄생하셨을 때 일어난 사건에 대해 여러 번 들어서 아주 잘 알고 있었다. 하지만 요한은 그의 복음서를 마구간이나 목자들, 동방박사나 헤롯의 이야기로 시작하지 않았다. 그 대신 요한은 예수님의 탄생이 왜 중요한 사건인가에 대한 이유로 그의 복음서를 시작했다.

1. 예수님이 하나님이심을 믿으라 (1~2절)

요한은 예수님을 말씀이라고 표현하며 예수님이 곧 하나님이라고 말했다. 요한은 예수님이 자신이 여호와 하나님이라고 말씀하는 것을 여러 번 들었다. 출애굽기 3장 14절에 모세는 불붙는 떨기나무 가운데 나타나신 하나님께 그의 이름이 무엇이냐고 물었다. 그때 하나님께서는 "스스로 있는 자"라고 말씀하셨다. 이 단어는 히브리어로 '여호와'이다. 그런데 히브리어 구약을 헬라어로 번역한 사람들은 이 단어를 '에고 에이미'라고 번역했다. 한국어 성경에는 '에고 에이미'를 '내니라'라고 번역했다. 그리고 예수님께서는 이 '에고 에이미'라는 이름을 자신에게 여러 번 적용하셨다. 그뿐만 아니라 요한은 예수님이 병을 고치시고, 귀신을 내쫓으시고, 죽은 자를 살리시고, 풍랑을 잔잔케 하시고, 사람들의 죄를 용서해 주시는 것을 보았다. 또 요한은 예수님이 죽음에서 부활해 하늘로 승천하시는 것을 목격하고, 예수님이 하나님이심을 분명히 믿었다.

2. 예수님이 창조주이심을 믿으라 (3절)

예수님은 만물을 창조하셨고 모든 사람을 창조하셨다. 이 사실은 매우 중요한 것을 말해 준다. 어떤 사람들은 예수님이 필요 없다고 생각할 수 있다. 자신의 삶은 자신의 것이고 예수님 없이 자신이 원하는 대로 살 수 있다고 생각할 수 있다. 그러나 모두가 예수님이 창조하신 창조물이기 때문에 예수님의 것이다. 예수님께 "나는 당신이 필요 없으니 나를 이대로 가만히 놔두라."라고 말할 수 없다. 인정하지 않더라도 우리 모두의 삶은 예수님의 것이고, 모두는 예수님께 속한 사람들이다. 그래서 예수님을 따르는 삶을 살아야만 한다.

3. 하나님이 성육신하셨음을 믿으라 (14~18절)

요한은 말씀이 육신이 되어 우리 가운데 거하셨다고 했다. 즉 예수님이 하나님 그분이셨다는 말이다. 그가 예수님의 영광을 보니 아버지 독생자의 영광이고 은혜와 진리가 충만했다고 말했다. 요한은 예수님이 성육신하신 하나님이심을 분명히 믿은 것이다. 세례 요한도 예수님에 대해 증언했다. 세례 요한은 자신보다 나중에 오시는 분이 자신보다 먼저 계셨다고 말한다. 즉 자신이 예수님보다 이 세상에 먼저 태어나긴 했지만, 예수님은 태초부터 계신 분이므로 사실은 자신보다 먼저 계신 분이라는 고백이다. 세례 요한 역시 예수님이 성육신하신 하나님이심을 분명히 증거했다.

토론 질문

1. 요한은 왜 예수님의 탄생 이야기로 그의 복음서를 시작하지 않았을까?

2. 어떻게 예수님이 하나님이심을 믿을 수 있는가?

3. 어떤 사람들은 왜 하나님 없이 살아도 된다고 생각하는가?

4. 예수님과 친밀한 관계를 어떻게 맺을 수 있는가?

5. 예수님에 대해 어떻게 증거할 수 있는가?

6. 적용하기로 결심한 것은 무엇인가?

12장
요한의 이야기 2

— 요한복음 1:4~13 —

요한이 이 복음서를 기록할 때, 그는 이미 나이가 많았다. 그뿐만 아니라 아주 어려운 삶을 살았다. 그는 많은 사람이 죽는 것을 보았다. 로마 군사들이 주후 70년 성전을 불사르는 것을 보았다. 그는 백만 명의 유대인들이 로마 군사들에게 죽임을 당하는 것을 보고 들었다. 또 그는 베드로와 바울이 네로에게 죽임을 당했다는 소식을 들었다. 그러나 요한은 이런 일들을 겪으면서도 믿음을 잃지 않았다. 그러므로 요한은 자신의 복음서를 시작하면서 예수님께서 세상에 빛으로 성육신하신 것이 어떤 혜택을 주는지 말해 주었다.

1. 빛 되신 예수님을 통해 생명을 얻으라 (4절)

모든 인간은 육체적으로는 살아 있지만, 영적으로는 죽은 상태에 있다. 영적으로 하나님으로부터 단절된 삶을 살기 때문에 이 세상에는 문제가 많다. 그러나 예수님 안에는 영적 생명이 있고, 예수님을 통해 영적 생명을 얻을 수 있다. 그러면 예수님이 주시는 생명은 빛이 된다. 예수님을 믿고 영적 생명을 얻으면, 예수님께서 빛이 되는 삶을 살 수 있다. 예수님은 유대인들에게만 생명을 주시는 분이 아니고, 온 인류에게 생명을 주시는 분이다. 이 빛 되신 예수님을 통해 생명을 얻어야 한다.

2. 빛 되신 예수님을 통해 어두움을 이기라 (5절)

'깨닫지 못하더라'는 단어는 '이기지 못하더라'는 의미가 있다. 그러므로 이 말씀은 매우 중요한 사실을 알려준다. 이 세상이 매우 어둡게 보일 수 있으나 이 세상에 어떤 어둠으로도 예수님의 빛을 꺼지게 할 수 없다. 요한은 이 사실을 자신의 삶을 통해 경험했다. 요한은 자신의 삶 가운데 일어나는 어려운 일들을 많이 경험했지만, 그는 예수님께서 세상의 빛이 되심을 의심치 않았다. 예수님은 세상의 빛으로 이 땅에 오셨지만, 세상에는 아직도 어둠이 자욱하다. 요한은 빛 되신 예수님을 통해 이런 어두움들을 이길 수 있다고 말했다. 그래서 예수님 안에서 어두움을 이길 소망을 가질 수 있는 것이다.

3. 빛 되신 예수님에 대해 증거하라 (6~13절)

사도 요한은 이곳에서 세례 요한에 대해 말해 주었다. 그는 세상의 빛이 아니었지만, 장차 오실 세상의 빛에 대해 증언을 한 사람이다. 그러므로 세례 요한이 예수님에 대해 증거한 것 같이 예수님의 제자들은 예수님에 대해 증거해야 한다. 아직도 예수님을 모르는 사람들에게 예수님이 구세주이심을 증거하고 그들로 예수님을 자신의 구세주로 영접하게 도와야 한다. 이것이 하나님께서 주신 사명이고 삶의 목적이다. 예수님은 어둠으로 가득 찬 세상을 밝히시는 세상의 빛이다. 그리고 그의 제자들은 예수님의 빛을 받은 세상의 작은 빛들로 빛 되신 예수님을 세상 사람들에게 전해야 한다.

토론 질문

1. 이 세상에는 어떤 어려움이 있는가?

2. 이 세상에 어두움이 있는 이유가 무엇인가?

3. 어떻게 예수님 안에서 생명을 얻을 수 있는가?

4. 어떻게 예수님을 통해 어두움을 이길 수 있는가?

5. 세상에 빛 되신 예수님을 누구에게 전해 줘야 하는가?

6. 적용하기로 결심한 것은 무엇인가?

13장
요한의 이야기 3

—— 요한복음 3:16~17 ——

어떤 사람들은 성탄절의 목적이 파티하며 노는 것으로 생각하거나 가족과 함께 모여 선물을 주고받는 것으로 생각한다. 또 다른 사람들은 성탄의 목적이 휴식을 취하는 것으로 생각한다. 이런 생각 중 일부는 맞을 수도 있고, 일부는 맞지 않을 수도 있다. 그래서 성경이 말하는 성탄절의 목적을 이해하는 것은 중요하다.

1. 하나님께서 우리를 사랑하심을 깨달으라 (16상절)

하나님께서 자기 아들을 이 세상에 보내심으로써 가장 먼저 말씀하신 것은 "나는 너를 사랑한다"이다. 성경은 "하나님은 사랑이시라"라고 말하며 (요일 4:16) "하나님께는 사랑이 있다"라고 말하지 않았다. 사랑은 하나님의 본성이고 하나님의 성품이다. 하나님은 우리를 모든 일이 잘될 때나 잘 안 될 때나 동일하게 사랑하신다. 하나님은 우리가 사랑받을 자격이 있다고 생각할 때도 사랑하시고, 사랑받을 자격이 없다고 생각할 때도 사랑하신다. 그 이유는 하나님의 사랑은 그의 자녀들의 행동이나 감정에 근거하지 않기 때문이다. 그 대신 그 사랑은 하나님께서 누구인가에 근거한다. 예수님께서 이 세상에 오신 첫 번째 목적은 그의 사랑하심을 보여주기 위해서였다.

2. 하나님께서 우리와 함께하심을 깨달으라 (16중절)

하나님은 자신의 독생자를 이 세상에 보내셨다. 이것은 하나님이 그의 자녀들과 항상 함께하심을 증명해 준다. 하나님은 그의 자녀들을 떠나지 않으신다. 그러나 우리는 하나님의 임재를 느끼지 못할 수도 있다. 그러나 하나님께서는 우리가 느끼든 느끼지 못하든 항상 함께 계신다. 하나님이 함께 계심을 느끼지 못한다고 하나님께서 정말 멀리 계시는 것이 아니다. 그 대신 이것은 우리가 하나님으로부터 멀리 있다는 것을 증명한다. 예수님께서 오신 목적은 하나님이 그의 자녀들과 함께하신다는 것을 보여주기 위해서였다.

3. 하나님께서 우리를 위하심을 깨달으라 (16하~17절)

하나님은 이 세상을 심판하시려고 그의 아들을 보내지 않았다. 오히려 이 세상을 구원하기 위해 그의 아들을 보내셨다. 그러나 구원받기 위한 한 가지 조건이 있다. 구원은 어떤 노력으로 얻을 수 없고 어떤 선행으로도 얻을 수 없으며 예수님을 믿을 때 받는 선물이다. 하나님이 그의 독생자를 이 세상에 보내어 인간들을 대신해 죽게 하신 것을 믿기만 한다면 영생을 선물로 받는다. 그러면 영적 사망에서 벗어나 천국에서 영생할 수 있다. 이것을 위해 하나님은 2천 년 전에 예수님을 이 세상에 보내셨다. 하나님은 그의 자녀들을 대적하지 않으시고 벌하려 하지 않으신다. 하나님은 항상 그의 자녀들을 위하신다는 사실을 믿어야 한다.

토론 질문

1. 많은 사람이 왜 성탄의 참 목적을 알지 못하는가?

2. 하나님께서 우리를 사랑하심을 어떻게 알 수 있는가?

3. 하나님이 우리와 함께하심을 어떻게 알 수 있는가?

4. 함께하시는 하나님을 느끼지 못하는 이유가 무엇인가?

5. 하나님께서 우리를 위하신다는 사실을 어떻게 알 수 있는가?

6. 적용하기로 결심한 것은 무엇인가?

14장
바울의 이야기

―― 갈라디아서 4:4~6 ――

사도 바울은 예수님을 직접 목격한 사람들을 만났고, 예수님의 어머니인 마리아를 만났고, 또 예수님의 제자들을 만나 그들에게 예수님의 이야기를 직접 들었다. 또 그는 다메섹 도상에서 부활하신 예수님을 직접 보았다. 그는 이것들을 기초로 예수님이 이 세상에 오신 중요성에 대해 기록했다.

1. 하나님께 용서받았음을 기억하라 (4~5상절)

법을 어긴 사람은 하나님과 벌금을 내야 하는 채무자와 벌금을 받아야 하는 채권자의 관계를 맺게 된다. 그리고 모든 인간은 죄를 범함으로 하나님께 죗값을 지불해야 했다. 그러나 그 누구에게도 죗값을 치를 수 있는 능력이 없다. 그래서 예수님께서 죗값을 대신 지불하기 위해 이 세상에 오셔서 십자가에 달려 인간들을 대신해 돌아가신 것이다. 이 사실은 하나님과 용서함 받은 인간들과의 관계는 더는 범죄자들과 재판장의 관계가 아님을 말한다. 예수님을 구세주로 믿는 사람들은 하나님께 죄 용서함을 받았다.

2. 하나님의 자녀로 입양되었음을 기억하라 (5하절)

하나님께서는 인간들을 용서해 주시는 것만으로 만족하지 않으셨다. 하나님은 인간들과 범죄자와 재판장 관계 대신 아버지와 자녀의 관계를 맺기 원하셨다. 바울은 이것을 설명하기 위해 그 당시 사람들이 자녀를 입양하는 것을 그 예로 설명했다. 죄인들은 하나님의 자녀로 입양될 만한 자격이 하나도 없지만, 하나님께서는 인간을 그의 자녀로 입양해 주셨다. 이것이 바로 예수님께서 이 땅에 오셔서 십자가에 달려 돌아가심으로 이뤄진 것이다. 예수님을 믿는 사람들은 이제 하나님과 한 가족이 되었다. 하나님과 아버지와 자녀의 관계를 맺게 되었다. 그러나 이것으로 끝나는 것이 아니라 한 단계가 더 있음을 바울은 말한다.

3. 하나님과 친밀한 관계를 누리라 (6절)

예수님을 구세주로 믿는 사람들은 이제 성령님을 통해 하나님과 가족관계를 갖게 되었고 하나님을 "아빠 아버지"라고 부를 수 있게 되었다. 이 당시 사람들은 신을 매우 두려운 존재라고 생각해 인간과 하나님과의 관계를 자녀와 아버지의 관계로 보는 것이 불가능했다. 하지만 바울은 하나님의 자녀가 된 사람들은 하나님을 "아빠 아버지"라고 부를 수 있다고 말했다. 더는 하나님을 우리에게 벌을 주는 재판관으로 보지 않아도 될 뿐만 아니라 하나님을 아버지로 생각하고, 그분을 "아빠"라고 부를 수 있다는 뜻이다. 그러므로 예수님을 믿는 사람들은 하나님과 이런 친밀한 관계를 가져야 한다. 이것이 예수님께서 2천 년 전 이 세상에 오신 이유이다.

토론 질문

1. 사람들은 하나님에 대해 어떤 이미지를 갖고 있는가?

2. 예수님은 왜 이 세상에 인간의 모습으로 오셔야만 했는가?

3. 예수님은 왜 우리를 대신해서 돌아가셨는가?

4. 하나님의 자녀라는 사실은 어떤 변화를 가질 수 있는가?

5. 하나님과 가까운 관계를 맺기 위해 해야 할 것이 무엇인가?

6. 적용하기로 결심한 것은 무엇인가?

15장
우리들의 이야기

—— 누가복음 15:11~32 ——

이 이야기는 세상에서 행복을 찾고자 하는 둘째 아들의 어리석음과 율법주의적 삶을 살려고 하는 첫째 아들의 어리석음에 대해 말해 준다. 예수님은 세상적으로 사는 사람들과 율법적으로 사는 사람들이 둘 다 영적으로 잘못되었다고 말씀하신다. 하지만 세상에는 이렇게 둘째 아들이나 첫째 아들과 같은 삶을 사는 사람들이 대부분이다. 하나님이 보시기에 이들은 둘 다 영적으로 길 잃은 사람들이다. 그러므로 죄와 행복, 세상의 문제들을 하나님의 관점에서 봐야 한다.

1. 죄에 대해 바로 깨달으라 (11~32절)

죄란 하나님께 불순종하는 것이라고 정의한다. 하나님이 하지 말라고 한 것을 하고 하나님께서 하라는 것을 하지 않은 것은 죄를 범한 것이다. 물론 죄에는 이런 것들이 포함되지만 죄는 이보다 더 광범위한 것이다. 예수님은 하나님과 관계없이 하는 모든 것들이 죄라고 말한다. 이 이야기에 나온 둘째 아들은 아버지를 떠나 아버지와 관계없이 살았고, 이것은 아버지께 죄를 범한 것이다. 첫째 아들은 아버지를 떠나지 않았고 아버지 곁에 있었지만, 아버지와 관계없이 살았다. 이것 역시 아버지께 죄를 범한 것이다. 세상에서 하나님 없이 사는 것도 죄지만, 하나님과 관계없이 율법적으로 사는 것도 역시 죄다.

2. 행복에 대해 바로 깨달으라 (11~32절)

이 이야기에 나오는 둘째 아들은 자신이 원하는 것을 함으로 행복해지려고 했다. 요즘에도 이런 방법으로 행복해지고자 하는 사람들이 많다. 이들은 행복해지기 위해 자신들이 원하는 것을 자신들의 방법대로 해야 한다고 생각한다. 이와 반대로 이 이야기 속에 나오는 첫째 아들은 율법적인 삶을 살면서 행복해지려고 하는 사람의 예이다. 이런 사람들은 행복해지기 위해 자신들의 행위로 하나님이 주시는 축복을 얻고자 노력한다. 그러나 하나님과 관계없이 다른 것이나 다른 사람으로는 절대 행복해질 수 없다.

3. 문제의 해결책에 대해 바로 깨달으라 (11~32절)

이 세상에는 사회적 문제, 도덕적 문제, 정치적 문제, 경제적 문제, 종교적 문제, 가정의 문제, 테러의 문제들이 있다. 그 누구도 하나님 없이 살면서 자신이 원하는 대로 이런 문제들을 해결할 수는 없다. 또 다른 사람들을 정죄하고 율법주의적으로 살면서 이런 문제를 해결할 수 없다. 이 두 방법으로는 가지고 있는 문제들을 해결할 수 없다. 그래서 다른 방법이 필요하다. 그것이 무엇인가? 그것은 예수님과의 관계를 통한 방법이다. 이 세상에서 당하는 모든 문제는 예수님과의 관계를 통해서만 해결할 수 있다. 그래서 예수님이 2천 년 전 이 세상에 오셨다. 이것이 성탄절 이야기이다.

토론 질문

1. 죄에 대한 사람들의 개념과 예수님의 개념은 무엇이 다른가?

2. 사람들은 왜 하나님과 관계없이 살려고 하는가?

3. 사람들은 어떤 방법으로 행복해지려고 하는가?

4. 하나님 없이는 왜 행복해질 수 없는가?

5. 가지고 있는 문제들을 어떻게 예수님을 통해 해결할 수 있는가?

6. 적용하기로 결심한 것은 무엇인가?

성탄절 이야기

2023년 12월 1일 1판 1쇄 펴냄

지은이	스티브 강
펴낸이	정양호
펴낸곳	도서출판 예수전도단
	그레이스 미디어(주)
출판 등록	1989년 2월 24일 (제2-761호)
주소	서울특별시 강서구 양천로 424
	가양역 데시앙플렉스 지식산업센터 530호
전화	02-6933-9981 · 팩스 02-6933-9989
이메일	ywampubl@gracemedia.co.kr
홈페이지	www.ywampubl.com

ISBN 978-89-5536-637-2

책값은 뒤표지에 있습니다.
잘못된 책은 바꾸어 드립니다.